北极航道地缘环境空间分析

Spatial Analysis of Geo-environment of Arctic Shipping Routes

王春娟　刘大海　王泉斌　著

中国海洋大学出版社

·青岛·

图书在版编目（CIP）数据

北极航道地缘环境空间分析/王春娟，刘大海，王泉斌著.--青岛：中国海洋大学出版社，2023.2

ISBN 978-7-5670-3396-2

Ⅰ.①北… Ⅱ.①王… ②刘 ③王… Ⅲ.①北极—航道—地缘政治学 Ⅳ.①D5 ②U612.32

中国国家版本馆CIP数据核字（2023）第022640号

出版发行	中国海洋大学出版社
社　　址	青岛市香港东路 23 号　　邮政编码　266071
出 版 人	刘文菁
网　　址	http://pub.ouc.edu.cn
电子信箱	752638340@qq.com
责任编辑	林婷婷　　　　　　　电　　话　0532‑85901092
印　　制	蓬莱利华印刷有限公司
版　　次	2023 年 2 月第 1 版
印　　次	2023 年 2 月第 1 次印刷
成品尺寸	170 mm × 240 mm
印　　张	7.5
字　　数	120 千
印　　数	1～1 000
定　　价	32.00 元

发现印装质量问题，请致电 0535-5651533，由印刷厂负责调换。

前　言

开辟北极航道、跨越北冰洋、缩短东西方距离是航海家的梦想。近年来，随着全球变暖和北极海冰的不断融化，全线开通北极航道指日可待。世界各国开始关注北极航运，越来越多的商业船只积极试水北极航道。北极航道的发展，正面临一个多数国家都不容错过的机遇期。

北极航道实际上指的是穿越北冰洋，连接太平洋和大西洋的海上航线集合，可分为东北航道、西北航道以及穿越北极点的中央航道。东北航道和西北航道通航的可能性较中央航道要大。以大西洋为坐标原点，由巴伦支海出发，经过欧亚大陆北方，穿过白令海峡到达太平洋的是东北航道；由戴维斯海峡出发，经过加拿大北极群岛和美国阿拉斯加北方，穿过白令海峡到达太平洋的是西北航道。中央航道因为冰层较厚、通航条件较差，有待未来开发建设。

一旦北极地区连接大西洋和太平洋的东北航道和西北航道实现商业通航，北冰洋通道的战略意义将更加凸显。北极航道的开通将增加一条贯通太平洋与大西洋的"交通动脉"，这将改变原有的世界海洋航运格局，直接影响传统环球海洋运输线这根"世界运输大动脉"的地缘地位；不仅会分散这根"大动脉"上的贸易货物量，也会降低其在全球航运的分量和地位，还会降低传统航线所在国的影响和地位。北极航道的开通还将带动沿线经济发展，催生一些新的居民点，促进现有港口、城市规模壮大，北极地区人口和影响力将随之增加，北极地区的地缘战略地位也将随之提升。

北极航道对我国意义重大。随着北极航道的开通，我国作为近北极国家，将随着北极航道的开通，在现有东、西向两条主干远洋航线上增加两条更为便捷的抵达欧洲和北美洲的航线。这两条航线不仅可以减少海上运输成本，降低和分担途经马六甲海峡、巴拿马运河、索马里海域和苏伊士运河等高政治敏感区所带来的风险，还有利于我国开辟新的海外能源资源采购地。

但是，北极航道通航的地缘环境影响不仅跟航道位置相关，也与各国的政治、经济等多种因素相关。因此，怎样综合考虑地缘环境要素？怎样用定量方法评价相关国家北极航道地缘环境特征？怎样据此分析北极航道的地缘格局？这些问题的解决是本书研究的主旨所在。本书分析了北极航道地缘环境影响要素，从定量和定性两个角度开展地缘环境评价。定量方面，本书根据北极航道地缘环境的硬实力、软实力和相互依赖力的影响构建了地缘位势模型，并选取东北航道为示范，评价各利益主体获得东北航道地缘利益的能力，同时将定量分析与空间格局分析相结合，综合考虑多方因素，对北极地区的空间格局进行了探讨。定性方面，本书借鉴定量评价结果，提出以北冰洋为中心，以国家为单位的不同利益、不同立场的北极航道的立体式地缘政治格局圈层结构。这种多元评价方式既弥补了当前北极航道地缘环境分析仅考虑单因素的不足，又解决了定量与定性评价相结合的综合性问题。本书根据北极航道的地缘环境综合评价分析，提出了我国参与北极航道可持续开发的对策建议，为极地和航运管理部门以及全社会认识、了解北极航道提供了基础资料。

由于作者水平有限，书中不足之处在所难免，恳请专家和读者批评指正。最后感谢杨晓阳、李成龙、林娟等人对本书的校对工作。

王春娟　刘大海　王泉斌

2022 年 10 月

目 录

第 一 章

北极航道概况

　　近年来,全球平均气温持续升高,北极地区的升温更为明显,夏季海冰范围急剧缩小,北极航道通航的可行性越来越大,通航成本逐渐降低,北极地区及其航道开发迎来了一个新时期。根据国际航运界测算,船舶由北纬30°以北太平洋东西两岸的任何一个港口出发前往欧洲,穿越北极航道都要比穿越苏伊士运河或巴拿马运河缩短40%以上的航程。这对往返欧亚的船只来讲,取道北极航道能够节省更多的成本,还可避开索马里和印度洋等海域的海盗威胁。不仅如此,北极地区拥有丰富的自然资源,如石油、天然气等能源,金、银等贵金属,渔业资源及森林资源。这些资源将随着北极航道的开通不断得到开发利用,为全球不同地区带来更多可贵的资源。

　　北极航道的商业通航将降低地球中路的传统环球航线的战略地位,也将迅速提升北极地区的战略地位,提高北极区域的一体化程度,地缘优势将促使北极国家之间的相互关系不断加强。这种对比变化还会导致世界重心向北方偏移,在一定程度上改变世界格局。像传统航线串起的一系列战略要地和世界热点一样,北极航道沿线也将形成诸多战略热点和兵家必争之地,航线经过的国家在世界上的地缘政治影响力也将随之扩大。

　　北极航道未来极有可能成为一条新的“黄金水道”,不但具备得天独厚的地理区位优势,其通航带来的地缘区域影响也将变得更加深远。地理区位的优势使其成为连接大西洋和太平洋的最短航线,在全球范围内增加了贯通太平洋与大西洋的“交通动脉”,不仅会分散传统环球航线的贸易货物,也会降低其全球影响力,将深刻地撼动传统航线原来不可动摇的地缘地位。因此,对北极航道进行研究,不仅要从自然地理角度去考虑通航的可行性和地理区位优势,也需要从人文地理角度深入分析航道实现商业通航带来的地缘影响。

1.1　北极航道地理区位

北极航道是指穿越北冰洋,连接太平洋和大西洋的海上航线集合。北冰洋在航道上有重要价值,可大大缩短大西洋和太平洋的海上距离,是连接欧亚大陆与北美地区的重要通道。由于受海冰季节性变化的影响,北极航道的航线并不固定,是一系列航线的集合,按所处地理方位可划分为三条:主要由东北航道、西北航道以及穿越北极点的中央航道构成。根据北极理事会的定义,东北航道是指西起挪威北角附近的欧洲西北部,经欧亚大陆和西伯利亚的北部沿岸,穿过白令海峡到达太平洋的航线集合,也被称为北方海路、北方航线和北海航线;西北航道是指经北美大陆北部沿岸并穿越加拿大北极群岛,从而连通大西洋和太平洋的航线集合;中央航道是指穿越北极点经过北冰洋中心区域到达格陵兰海或挪威海的航线集合,是穿越北极点附近的北冰洋公海水域,连接亚洲和欧洲且距离最短的海上通道。研究预测,21世纪北极地区航运与资源开发潜力的提升将主要集中在西北和东北航道沿线区域。

东北航道穿过北冰洋的楚科奇海、东西伯利亚海、拉普捷夫海、喀拉海和巴伦支海五大海域,因此,东北航道又可以分为楚科奇海航段、东西伯利亚海航段、拉普捷夫海航段、喀拉海航段和巴伦支海航段。俄罗斯法律上定义的北方海航道(Northern Sea Route)指的是前四个航段的组合,即西起喀拉海峡、东至白令海峡之间的一系列海上航线的集合。西北航道途经美国阿拉斯加北部离岸海域,穿过加拿大北极群岛。这两个航线是球面上两点的最短连线(大圆航线),也是连接太平洋北部与大西洋北部的最短航线。

1.1.1　东北航道

东北航道(Northeast Passage)也称北方海航道,在国际上没有公认的起点和终点,这里指从北欧出发,向东穿过北冰洋的5个海:巴伦支海、喀拉海、拉普捷夫海、东西伯利亚海和楚科奇海,各海域经过面积、水深、通航月份等情况如表1-1所示。

表 1-1 东北航道经过海域基本情况

海域	面积(万平方千米)	最大水深(米)	平均水深(米)	可通航月份
巴伦支海	393.7	600	229	全年
喀拉海	142.5	640	90	8—11
拉普捷夫海	61.1	3 385	578	7—10
东西伯利亚海	151.5	358	45	7—9
楚科奇海	59.7	1 256	88	7—10

东北航道主要经过 11 条海峡,自西向东依次为尤戈尔海峡、喀拉海峡、马托奇金海峡、维利基茨基海峡、绍卡利斯基海峡、红军海峡、扬斯克海峡、德米特里·拉普捷夫海峡、桑尼科夫海峡、德朗海峡和白令海峡。

东北航道沿途经过的位于巴伦支海和白海海岸的主要港口有摩尔曼斯克、阿尔汉格尔斯克、坎达拉克沙、奥涅加。俄罗斯北冰洋海岸的主要港口有迪克、杜金卡、季克西和佩韦克。

1.1.2 西北航道

西北航道(Northwest Passage)指的是东起戴维斯海峡和巴芬湾,向西穿过加拿大北极群岛水域,到达美国阿拉斯加北面波弗特海,连接大西洋和太平洋的航线集合。西北航道一直被喻为北冰洋"圣杯",是借喻传说中耶稣最后晚餐所用之杯,生动彰显了其"黄金水道"的地位。

西北航道途经加拿大航段,北极群岛水域岛屿众多,星罗棋布,在这 210 万平方千米的地域大约有 36 000 个岛屿,是地球上地形最复杂的区域之一,经过大致 19 个海峡区域,分别是威尔士王子海峡、多芬联合海峡、科瑞内西湾、德阿瑟海峡、毛德皇后湾、维多利亚海峡、拉森海峡、富兰克林海峡、拜洛特海峡、皮尔海峡、利金特王子湾、辛普森海峡、拉斯穆森湾、雷伊海峡、圣洛克湾、詹姆斯罗斯海峡、布西亚湾、弗瑞赫克拉海峡和福克斯海峡。

由于加拿大北部地区岛屿众多,这一区域成了西北航道中船舶航行最困难的一段航线。随着人类对西北航道的探索,船舶在西北航道航行时有 7 条线路可以选择,具体如下。线路 1:波弗特海—麦克卢尔海峡—梅尔维尔子爵海峡—巴罗海峡—兰开斯特海峡;线路 2:波弗特海—阿蒙森湾—威尔士王子海峡—梅尔维尔子爵海峡—巴罗海峡—兰开斯特海峡;线路 3:波弗特海—阿蒙森湾—多芬联合海峡—科瑞内西湾—德阿瑟海峡—毛德皇后湾—维多利亚海峡—拉森海峡—富兰克林海峡—皮尔海峡—巴罗海峡—兰开斯特海峡;线路 4：波弗特海—阿蒙森湾—多芬联合海峡—科瑞内西湾—德阿瑟海峡—毛德皇后湾—辛普森海峡—拉斯穆森湾—雷伊海峡—圣洛克湾—詹姆斯罗斯海峡—皮尔海峡—巴罗海峡—兰开斯特海峡；线路 5：波弗特海—阿蒙森湾—多芬联合海峡—科瑞内西湾—德阿瑟海峡—毛德皇后湾—维多利亚海峡—拉森海峡—富兰克林海峡—拜洛特海峡—利金特王子湾—巴罗海峡—兰开斯特海峡；线路 6：波弗特海—阿蒙森湾—多芬联合海峡—科瑞内西湾—德阿瑟海峡—毛德皇后湾—辛普森海峡—拉斯穆森湾—雷伊海峡—圣洛克湾—詹姆斯罗斯海峡—拜洛特海峡—利金特王子湾—巴罗海峡—兰开斯特海峡；线路 7：波弗特海—阿蒙森湾—多芬联合海峡—科瑞内西湾—德阿瑟海峡—毛德皇后湾—辛普森海峡—拉斯穆森湾—雷伊海峡—圣洛克湾—詹姆斯罗斯海峡—拜洛特海峡—布西亚湾—弗瑞赫克拉海峡—福克斯湾—福克斯海峡—哈得逊海峡。上述 7 条路线的航道具体情况及通航情况如表 1-2 所示。

表 1-2　西北航道 7 条线路情况说明

路线编号	航道情况	通航情况
线路 1	麦克卢尔海峡：在东端 120 千米宽，275 千米长，超过 400 米深，存在较多多年冰，冰况恶劣 梅尔维尔子爵海峡：100 千米宽，350 千米长，有多年航行经验 巴罗海峡：50 千米宽，80 千米长，深水，西部岛屿杂乱分布，造成通航障碍 兰开斯特海峡：80 千米宽，250 千米长，500 多米深	俄罗斯破冰船"Klebnikov"号在 2001 年成功通过
线路 2	阿蒙森湾：形状不规则，入口 90 千米宽，约 300 千米长 威尔斯亲王海峡：宽度小于 10 千米的部分占一半左右，230 千米长，最浅水深 32 米	1969 年"曼哈顿"号航行经过这条线路
线路 3	多芬联合海峡：80 千米宽，150 千米长，在通过行驶时要谨慎，小于 10 米多的水域已被标注 科瑞内西湾：60 多千米长，岛屿众多 德阿瑟海峡：4～60 千米宽，160 千米长 毛德皇后湾：东面入口 14 千米宽，不规则，存在众多岛屿、礁石、浅滩 维多利亚海峡：20 千米宽，南部冰况恶劣 拉森海峡：水深 30～200 米 富兰克林海峡：30 千米宽 皮尔海峡：25 千米宽，南部水深超过 400 米	通航环境较好，但吃水浅
线路 4	辛普森海峡：最窄处约 3 千米宽，在这条线路中最危险 雷伊海峡：20 千米宽，海峡中部水深为 5～18 米 詹姆斯罗斯海峡：50 千米宽，航道曲折	游轮"MS Explorer"号在 1984 年通过
线路 5	拜洛特海峡：短且非常窄，存在强烈洋流，最浅处水深 22 米 利金特王子湾：80 千米宽，无岛屿，深水	
线路 6	雷伊海峡：20 千米宽，海峡中部水深为 5～18 米 詹姆斯罗斯海峡：50 千米宽，航道曲折	St. Roch 在 1940—1942 年向东航线线路

续表

路线编号	航道情况	通航情况
路线7	布西亚湾:水域宽阔,但应注意弗雷德里克王子岛 弗瑞赫克拉海峡:160千米长,很窄,有急流 福克斯湾:北端多岛屿 福克斯海峡:130千米宽,深水,中间有浅滩 哈得逊海峡:宽100千米,长650千米,深水	一般不认为是商业航线

　　由白令海峡进入楚科奇海后,沿海岸走向可以进入波弗特海,该海域冰情严重,冰块受风作用移动明显。如果是在东风或者东北风环境下,冰块漂移会对船舶在麦克卢尔海峡的航行造成困难。在阿蒙森海域,船舶可以直接进入。通常情况下,船舶在保证5～10海里离岸距离的条件下沿岸航行,即可顺利通过波弗特海,进入加拿大北极群岛。

　　麦克卢尔海峡长275千米,宽120千米,水深超过400米。该海峡堆积着北冰洋漂来的多年冰,冰情比较恶劣,即使在最好的情况下也要借助破冰船护航,严重情况下整个夏季都可能会被海冰拥塞。梅尔维尔子爵海峡宽100千米,长350千米,水域宽阔,水深超过500米,这里堆积着从麦克卢尔海峡漂来的多年冰,每年无冰平均天数不到20天。海冰一般于每年8月份开始融化,8月底海冰融化速度加剧,并受风流影响产生漂移,一直持续到9月中下旬,此后,海冰重新开始冻结。夏季海冰融化量决定了其重新冻结的时间。海峡中部的冰情要比东西两端更加严重一些。海峡北部的海冰冻结的时间要晚一些,可持续到10月中旬。在冰情较恶劣的时候,在海峡西部航行可能需要破冰船护航。海峡水深相关资料也不是很详细。巴罗海峡长180千米,宽50千米,水深足够,与梅尔维尔子爵海峡相比,它的海冰融化时间稍有提前,东部海区在7月中旬就开始融化,西部海区融化时间大概在8月中旬,整个海区在9月基本没有海冰。兰开斯特海峡长250千米,宽80千米,水深较深,超过500米,危险物很少并且对船舶安全航行基本没有影响。该海域海冰一般在7月底8月初开始融化,直到9月初才能基本无冰,一般可持续到10月初。航行时应注意加强瞭望,以便及早发现由巴芬湾漂来的冰山。

　　阿蒙森湾长约300千米,冰况较好,即使在冬季也主要是一年冰。每年5、6月份的航道西部才有可能出现冰间湖并逐渐扩大。整个阿蒙森湾在8月份和9月份基本无冰,只会在较强的西风或西北风作用下在海湾南部积聚一些来自波弗特海的浮冰。10月初,一些遮蔽水域开始结冰。11月中旬,整个海湾会覆盖一层薄冰。威尔士王子海峡长约 230 千米,水深很深,完全满足船舶吃水要求,但是该海峡的一半区域宽度小于 10 千米。 7 月底,海冰开始由南向北融化,8 月中旬基本融化,但在其北部仍会存在一些浮冰。

多芬联合海峡在阿蒙森湾附近,长 150 千米,宽 80 千米。经测量发现,有多处水深小于 10 米,航行需要谨慎。每年 6 月份可能出现较小冰间湖,然后逐步扩大。海峡的浮冰在 7 月初开始逐步融化,到月末基本无冰,然后至 10 月中旬又开始结冰,这也是西北航道中通航时间较长的一段海域。该海峡通航时间为 7 月至 10 月。科瑞内西湾长度超过 160 千米,有许多岛屿。该海域海冰在 7 月初便自西向东开始融化,其最大的特点是冰融速度非常快,能在很短的时间内完全消融,10 月初又开始结冰。该海峡的通航时间为 7 月至 10 月。德阿瑟海峡长 160 千米,宽 14～60 千米,海冰在 7 月下旬开始自西向东融化,9 月底最先在海峡两岸和东部开始结冰。该海峡的通航期为 7 月下旬至 10 月初。毛德皇后湾西部入口宽约 14 千米,海域最宽处为 280 千米,东部出口宽 14 千米。该海湾岛屿、礁石和暗礁众多,船舶应尽量沿着较深的北侧航行。一般情况下,7 月底海冰开始融化,10 月初开始结冰,并迅速遍及整个海湾,到 10 月底海面被海冰覆盖。该海峡的通航期为 7 月至 10 月初。维多利亚海峡宽 120 千米,在南部末端有皇家地理学群岛阻挡,是加拿大北部沿海冰情最糟糕的地方之一。海冰在 7 月底才开始出现较为明显的融化,海峡北部海冰仍较多,而海峡南部基本可以在 8 月底开通,9 月底开始重新结冰。该海峡的通航期为 8 月至 9 月底。富兰克林海峡的海冰在 8 月初开始融化,9 月底在海峡北部开始结冰,然后迅速蔓延,10 月底整个海峡基本被海冰覆盖,该海峡的通航期为 8 月至 9 月底。皮尔海峡宽 25 千米,南部出口处水深超过 400 米,可满足一般商船的通航要求。该海域海水的流动性差,航道的通航取决于海冰的自然融化和随风的漂移。海冰通常于 8 月初开始融化,海峡北端有时海冰较多,船舶难以通行,9 月中旬开始结冰。该海峡的通航期为 8 月至 9 月,但需要视情况而定。

辛普森海峡最窄处宽约 3 千米,水深较浅,推荐航道水深最浅为 6.4 米,海域内多处水深小于 5.5 米,大型船舶通航困难,并且海域内流速大,某些地方可达到 7 千米。该海域助航标志设施比较完善,比较适合当地小型船舶航行。雷伊海峡的水深仅为 5～18 米,且附近的危险物比较多,不利于船舶安全航行。

拜洛特海峡水深为 17～380 米,海峡较窄,水流较大。虽然船舶在 8 月中旬到 9 月底能够通行,但是连续通航的时间一般不会超过 3 天,因为海冰会在风的作用下漂移,从而堵塞海峡口。所以如果要采用这条航道,需要及时准确地获得该区域的海冰信息和风流情况。利金特王子湾海域宽 80 千米,没有岛屿影响,水深较深。该海域风力的大小直接决定了海冰的融化速度和范围。如果盛行强劲北风的话,7 月初海冰便开始融化,如果是东南风,融化速度就稍微慢些;10 月初海峡又开始冰封。利金特王子湾北部受大西洋暖流影响,无冰天数较多。总体而言,该海域的冰况要比皮尔海峡好,其通航期为 8 月至 9 月底或 10 月初。布西亚海域的海湾南部夏季的冰量高达 70%,不适合船舶航行。

1.1.3　中央航道

北极航道的构成除了东北航道和西北航道外,理论上还有一条中央航道,从白令海峡向北穿过北冰洋公海区到达北欧海域。这条航线直接穿越北极点,当北极冰盖完全消融时,将产生一条新的航线。

中央航道始于北冰洋沿岸港口,不经过欧亚大陆或北美洲沿岸的海域,而是直接穿过北极点,终点位于挪威海或格陵兰海,全长约为 2 500 海里,是连接东北亚经济圈至西欧经济圈最短的航道。由于北冰洋中心区域终年被厚重的海冰所覆盖,通航难度较大,其受关注度远低于东北航道和西北航道,目前商业开发价值不大,将会是三条航道中最后开发和投入使用的。但从长远来看,随着海冰的消融,航线距离短、航行成本低,并且远离环北极国家争议地区,这些独特优势将会使中央航道极具竞争力和发展前景。

2017 年 8 月,北极中心区域冰情相对缓和,我国"雪龙"号首次穿越中央航道,开辟了我国北极地区科学考察新领域。

1.2　北极航道地缘区域

1.2.1　地缘政治理论

"地缘政治"如今已经成为国际关系领域最常见的名词之一,随着国际竞争的日趋激烈,地缘政治思想正发挥着无形的巨大作用。地缘政治理论诞生于 19 世纪末的西方,最早由瑞典政治地理学家鲁道夫·契伦(Rudolf Kjellén)提出,经过一个多世纪的发展和完善,地缘政治学逐渐开枝散叶形成体系,衍生出诸多分支流派,成为国际关系研究领域中的重要理论之一。地缘环境是一国与生俱来的独特特征,是一国发展以及建立国家关系的重要因素,因而地缘政治也成为国家制定政治、经济、外交等政策的重要参考依据。

德国地理学家弗里德里希·拉策尔(Friedrich Ratzel)于 1897 年出版的《政治地理学》一书被公认为是政治地理学与地缘政治学形成的标志。他与鲁道夫·契伦都认为国家的生存空间、地形和形态特征以及所在位置共同构成了国家最根本的特征及行为模式。一个国家成败的重要条件就是对于其所处环境条件的适应程度,即地缘政治学代表的是一种解释政治现象的学科。此后的学者对地缘政治学的研究均基于这些前提。

从字面上理解,地缘政治学包含地理与政治两个要素,但不同学者对地缘政治概念的理解也有细节上的不同。美国当代著名外交家、国际关系学者热布津斯基认为:"地缘政治是指那些决定一个国家或地区情况的地理因素和政治因素的相互结合,强调地理对政治的影响。"北京大学知名国际关系学者叶自成认为:"地缘政治本质上是从空间关系观察国家关系。"学者李义虎认为:"地缘政治学是在自然地理和政治地理统合或结合的基础上对国际政治空间现象所做的系统研究,作为一种理论,就其延伸影响来讲,涉及国际关系的政治地理因素和国家对外政策(包括军事战略)的地理因素。"地缘政治体现出十分鲜明的政治性,其本质上隶属于国际政治的研究范围,为各国政策法规的制定奠定理论基础。地缘政治也体现出较强的整体性。地缘政治理论就是运用了整体论的思想,把所有国家及对应的政治、经济、文化等因素视为国际政治空间里不可或缺的关键构成因素。同时,地缘政治体现了较强的国际性和区域性。国际性是指地缘政治涵盖的是若干个主权国家之间所产生的关系问题,其中任何一个国家发生的地缘政治方面的改变,都会对国际关系造成不可忽视的影响;区域性则指地缘政治往往会结合某一具体的地理区间,针对该地区的各项地缘信息,从而对相关国际政治和国际关系得出结论,提出解决对策。

1.2.2　地缘区域

所谓地缘区域,是指具有超强单一的地理或者人文特性的地理空间,是一种特殊的地理区域。这个区域能够衍生政治权力,特别是能够通过经济、军事等力量衍生政治权力,进而实现政治目的。这里需要强调的是三个要素。一是地理空间。这里的地理空间不仅包括地理区域,还包括地表空间,如领空、太空。二是政治单一性,指这一区域的政治系统能够自我实现。三是经济排他性,指特定地缘区域在实施特定的经济政策时,能够产生垄断优势。地缘政治区域之所以形成,就是不同政治力量在特定空间中作用的结果,由于不同力量的发展和变化,地缘政治区域具有显著的动态性和不稳定性。

地缘政治区域属于地缘区域的一种,指的是地球表面上任何按照政治标准划分的部分,既包括一个国家或国家之下的行政区,也包括数个国家联结而形成的区域。政治区域由至少三个基本要素组成。一是政治系统,也是构成政治区域的第一条件。狭义的政治系统指的是合法的组织,包括政府、民族、国家等;广义的政治系统包括现实的政治生活,如地区性群体和政治势力。二是一定数量的人口,这是政治区域及其他以人文特征为划分标准的区域的共有特征。三是地理区域,是构成政治区域的必备条件,也是所有可被称为区域的共有特征。政治区域与地缘政治区域的不同在于,政治区域主要指的是帝国和民族国家,而地缘政治区域可以是不同国家由于地理空间和政治利益联系而形成的区域。因而在北极地区,地缘政治区域可以小到北冰洋沿岸各国的某个行政区,也可以大到包括北冰洋沿岸国和非北冰洋沿岸国的整体区域。

从历史来看,自16世纪大航海时代开始,远洋航道就有着举足轻重的作用,北极航道的开通预示着北极航道将成为世界海运新的聚集地,将对世界经济贸易格局和航运格局产生重大影响。北极航道的全线通航,带来的首要意义即为航程的缩短,尤其是对于北纬30°以北的国家来说,北极航道比传统航道缩短了20%～45%的海上距离,使东北亚沿海港口到欧洲西部和美国东北部港口的距离大幅度缩短。北极航道是连接东亚、西欧和北美的最快捷航线,而亚欧间的贸易达到全球贸易的28%,节约了航运成本,促进了贸易往来,势必会对全球贸易格局产生影响。北极地区蕴藏着丰富的石油、天然气及矿产等自然资源,可满足各国日益增长的战略物资需求,缓解能源危机。因此,北极航道的管控权是北极国家激烈的争夺对象。在经济全球化与区域经济集团趋势不断加强的当代,非北极国家也纷纷加入这场利益争夺战。如何制定有效可行的政策与方针,获取更多北极事务上的话语权,提高自身争夺北极利益的能力,是各国需要深入思考的问题。

冰封的北冰洋正在加速融化,北极的海冰融化促进了北极航道的全面通航,并为其带来巨大的交通价值。对于北极地区来说,北极航道作为交通运输线路,能够打破地理阻碍,连接各国,增加北极政治和北极经济的辐射空间和范围。北极航道扩大了北极各国地缘政治角度范围,开辟了一个新的地缘战略空间。这个地缘空间不仅包含航道经过的区域,还包含因北极航道开通受到深刻影响的传统航线相关区域。

第 二 章

北极航道通航与地缘环境

随着冰川消融速度的加快,东北航道和西北航道均实现了通航。2008 年,一艘名为"The MV calnilia Desgagnes"的货船成功穿越西北航道,在一定程度上标志着北冰洋船运新纪元的到来;2009 年夏,德国两艘货船成功穿越东北航道,实现了北极航道的首次商业之旅①;2013 年 9 月,隶属中远集团旗下的"永盛轮"顺利通过东北航道抵达挪威北角附近,它是我国第一艘完成北极航行的商船。

东北航道与西北航道存在通航时间和通航条件上的不同。东北航道的可通航时间为每年的 7 月至 9 月,西北航道的可通航时间为每年的 8 月至 9 月,随着冰雪融化,可通航时间会逐渐增加;通航条件上,东北航道要优于西北航道。西北航道的海域、岛屿及海峡更加曲折复杂。目前东北航道的海冰比西北航道融化更快、冰情更好,且沿途拥有更为完善的航行基础设施,如历史悠久的港口和俄罗斯提供的破冰船队。

作为北极航道通航的"推进器",全球气候变暖能够延长航道的通航时间,加大航道的承载能力,同时降低对航行船舶的破冰要求,进而使自然船的通行率逐渐增大。随着北极航道通航能力逐渐增强,航道的优越性吸引着世界各国纷纷进行商业航行,各种通航船舶数量逐渐增长。

---

① 东北航道完成"破冰之旅"[EB/OL]. http://info.jctrans.com/news/hyxw/ 2009101806883. shtml, 2009-10-01.

2.1　全球气候变化加速北极航道开通

全球气候变化对北极航道资源的影响,主要体现在北极冰川的变化方面。从这个角度来说,气温升高、环流和风场改变等都会对冰川变化产生一定的影响。

首先,全球变暖对北极航道的影响最大。一些学者提出气候变暖导致航线上海冰逐渐消融,因此,北极航道通航可能性日益增大[①]。研究者对北极海冰的年际变化规律以及北极航道通航的可能性进行了大量研究和预测。结果显示,全球变暖导致冰川加速融化,且冰川固有热力、动力学性质发生变化会导致全球变暖进一步加剧。由此可见,制约北极航道开通的海冰面积正逐渐减小。

其次,大气环流改变及极区风力作用增强也对北极航道的开通起重要的作用。一是体现在大气环流改变方面。北极区域海冰的分布在一定程度上受高纬大气环流的影响,全球气候变化使高纬度大气环流发生改变,影响海平面上的风向和风力,使北极不同海区的海冰面积出现不同的生消现象,影响北极航道通航。二是体现在北极地区风力作用方面。一般来说,冬季是北极冷空气的活跃期,洋面上暴风雪多发;夏季是北方冷空气的非活跃期,产生大风的概率非常低。但随着北极冰川融化,北极航道开通的时间越来越长,风区伴随着越来越多的开阔水域而增长,在气候变化的影响下,北冰洋海域的风力作用及由其所生的海冰动力特征愈加明显,这也是影响北极航道通航的另一个因素。另外,因自然条件限制,在北极航道航行的船舶行驶速度慢,更容易受到风力作用的影响。

此外,冰盖本身性质的改变会加速北极航道海冰融化,影响通航。研究表明,北极冰盖的性质改变会影响海冰的消退,如多年冰变薄、反射性质改变。另外,随着全球空气污染日益加剧,大气中的粉尘、悬浮物等持续增加,这些物质由大气环流进入北极地区,粉尘、烟灰覆盖在冰雪上,改变了下垫面的反射性质,导致冰雪吸收更多的太阳辐射,使海冰快速消退。

综上所述,在全球气候变化的影响下,北极航道的开通时间愈发提前。虽然航道通航会受很多不确定的因素影响,但毋庸置疑的是,在可预见的未

---

① 中远"永盛"轮成功首航北极航线 [EB/OL]. http://news.xin-huanet.com/world/2013-09/11/ c_117325225.htm, 2013-09-11.

来,北极航道开通已成为很多人的共识,北极的航道资源将向全世界展现新
的发展趋势。

2.2 北极航道通航的地缘环境影响

随着北极航道通航天数和通过船只艘次逐年增加,北极航道实现全线通
航的可能性日益加大。北极地区资源广阔的勘探开发和利用前景使各国对北
极油气、天然气水合物、各种矿产等能源资源的掠夺侵占日益增强,人们对北
极地区自然资源的追求必然引发对北极航道全线通航的强烈渴望,进而推动
航道的通航尽快成为现实。反过来,航道的通航也将进一步增大各国对于北
极地区资源的勘探和开发。随着通航能力的增强及通航成本的日益降低,北
极航道将为北极资源的开发和输出提供经济便利的海上通道,资源开发将逐
步实现规模性,贸易流动逐步常态化,而这将导致航道的通行压力不断增大,
随之而来的是船舶污染物排放量的增加。同时,资源开发不可避免地会引起
环境破坏,这一系列效应将对脆弱的北极生态环境带来相当程度的影响,如
图 2-1 所示。

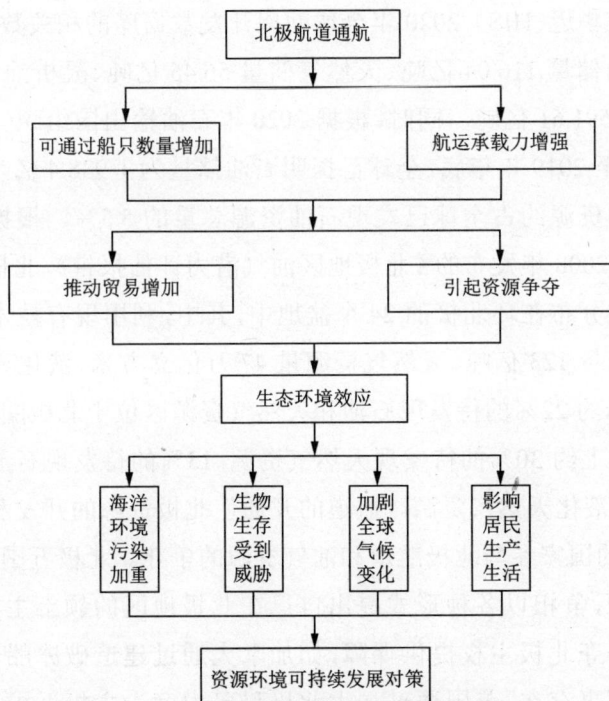

图 2-1 北极航道通航引起的生态效应关系模式

2.2.1　北极航道通航对北极资源的影响

北极地区资源丰富,矿产及油气资源储量巨大。据 2008 年美国地质调查局公布的北极地区油气潜力评估报告显示,北极地区油气资源潜力占全球未探明储量 25% 左右,石油约占全世界储量的 13%,煤炭资源储量丰富,约占世界的 9%,还有大量的金、银、铜、铁、铅、铀、钚和钴等稀有金属矿藏。另外,北极渔业资源、风力资源、水力资源和森林资源也具有相当可观的经济价值。

北极航道与北极资源联系紧密,对北极国家和非北极国家而言,北极在资源勘探、开采和运输方面极富吸引力。在自然环境变化及能源紧缺的大趋势下,北极航道通航将引起各国对于北极资源的争夺,加速北极资源的开发。一方面,北极航道为资源勘探开发提供海上通道,各国将进一步加大对北极资源的勘探开发程度,而初级的、以短期经济利益为目的的勘探开发必然会给脆弱的北极环境带来相当程度的影响;另一方面,对北极资源勘探开发程度的加深,不仅增加了北极航道的通航量,也加大了各国对北极航道的依赖程度,使其成为名副其实的"北极能源通道",承载着北极资源的运输。

（一）北极航道通航将引发"北极资源争夺战"

根据埃信华迈（HIS）2020 年全球勘探开发数据库的相关数据,北极地区已发现的石油储量 116.04 亿吨、天然气储量 56.45 亿吨、凝析油储量 22.34 亿吨,总油当量 591.61 亿吨。同时,根据 2020 年石油输出国组织（欧佩克）石油统计年报,截至 2019 年年底,全球已探明石油储量为 1 938.4 亿吨。北极地区已发现的石油资源约占全球已发现石油资源总量的 5.5%。根据美国地质调查局（USGS）2008 年发布的《北极地区油气潜力评估报告》,北极地区待发现油气资源主要分布在环北极的 24 个盆地中,其中,利用现有技术可开发的待发现石油资源量 123 亿吨、天然气资源量 47 万亿立方米、液化天然气资源量 60 亿吨。全球约 22% 的待发现石油和天然气资源区位于北极圈以内,北极地区蕴藏着世界上约 30% 的待发现天然气资源,13% 的待发现石油资源和大约 20% 的待发现液化天然气资源。航道的开通使北极资源的开发和输出成为可能,越来越多的国家参与北极航道和油气资源的争夺。北极五国为控制北极,获取北极资源,争相以各种形式提出自己在北极地区的领土主张,同时采取各种措施为争夺北极主权提供保障,如加拿大通过建造破冰船、建设军事基地等加强其军事存在;美国通过加大北极科研力度为主权诉求寻找依据;丹麦、俄罗斯均制定北极开发战略,将北极作为国家发展的能源战略基地。由于地缘政治等因素,目前北极资源的开发主要集中在北极国家。其实北极丰富的能源早已引起诸多非北极国家的重点关注,许多具备条件的国家蓄势待发,如韩国正在建造北极油轮,计划研制适应北极航行的双机桨液化天然气船,以满足未来对北极油气资源的运输需求。

(二)经由北极航道,加速对北极资源的勘探开发

从全球能源运输的角度看,北极航道具有巨大的优越性。北极航道是连接北美、欧洲和亚太地区的最短通道,大大缩短了各地区间的航程距离;距离优势缩短了航行时间,进而减少了船舶燃油费、船员工资等费用,使运输成本降低;此外,相比于传统航道,北极航道不受海盗等不稳定因素的影响,安全系数相对较高。

这些优势将使北极航道在未来全球能源流动中发挥重要作用。北极航道作为北极能源载体,将推动北极能源的运输,促进北极资源的勘探,加速北极地区油气、矿藏等资源的开发利用。有数据显示,北极地区预计可开采的石油储量中,俄罗斯所占份额最多,达52%,美国占20%,挪威占12%,丹麦占11%,加拿大占5%[①]。俄罗斯、美国和挪威在北极的石油储量所占份额相对较大,北极能源开发将增加其能源产出总量;同时增强其能源运输的需求,加大对北极航道的依赖性,尤其是俄挪两国对于利用北极航道进行石油出口具有很强的迫切性。2010年8月和9月,俄罗斯利用北极航道运送8万吨原油到中国;2012年12月,"鄂毕河"号油轮成功完成世界首次北极航线液化天然气的运输,充分证明了北极航道为俄罗斯的能源运输提供了新的路径。研究指出,未来北极石油的海运贸易将占全球石油贸易总量(包括海、陆、管道等方式)的26.5%左右。可以预见,在全球对北极石油资源需求日益增加的形势下,北极航道运输的经济性及安全性将吸引各国对北极地区石油勘探开发,推动能源供给国和需求国加强对北极航道的利用,实现能源进出口。

2.2.2　北极航道通航带来的生态环境效应

北极地区常年被冰雪覆盖,生态环境十分脆弱,自我调节及生态恢复能力较弱。随着全球气候变暖和人类活动的影响,目前北极地区的生态环境不容乐观。

---

① 北极圈石油储量900亿桶美俄占大部分中国大有希望 [EB/OL]. http://business.sohu.com/ 20150303/ n409281273.html, 2015-03-03.

北极的加速变暖威胁着北极生物的生存。一方面,温度上升直接导致北极部分生物群落发生迁移,同时,海冰加速融化使得北极地区与海冰相关的食物链在部分海域消失并被较低纬度的海洋物种所取代,以海冰为栖息地和繁殖地的鸟类和哺乳动物等面临威胁;另一方面,气候变暖加速北极地区臭氧层的消耗,导致北极地区极端天气现象的出现,进一步威胁北极生物的生存。

北极的环境已经受到一定程度的污染。由于全球生态系统的整体性特点,其他地区放射性污染物、有毒污染物和酸性污染物随着大气循环、海洋循环以及北极航道航船的载入最终被带入北极,加上人类在北极地区的开采、加工、航行和旅游等活动频率的增加,北极地区的空气及海洋环境污染严重。而污染物通过生物链的富集又会威胁到海洋生物、动物甚至是人类的健康。有研究发现,挪威和俄罗斯地区的北极熊血液和脂肪中存在多氯联苯(PCBs)物质,目前,有部分北极熊、海豹和海象出现了脱毛和皮肤溃烂的症状。

北极航道通航的优越性与北极资源的丰富性的双重结合,使航道通航与资源开发之间形成相互促进的正反馈作用,作用的结果是加速了资源的开发,增大了通航的压力,北极脆弱的生态环境将面临巨大的考验。

(一)北极地区环境污染加重

北极航道开通带来的船舶通过数量增加及能源资源的规模性开发均会加剧北极地区海域污染和大气污染,污染主要来自船舶航行和能源开发过程中废水、废气和废弃物的排放。

石油等物质泄漏对北极的污染最为严重,毒性强,清理难度高,通常由船舶故障、碰撞、搁浅和油气资源开采所致。随着通航能力提高,船舶通过数量增加,其发生故障、碰撞、搁浅等事故导致泄漏的可能性也相应增大;随着能源资源开发规模增大,能源泄漏造成污染的概率也会增大。船舶航行过程中的废水、固体废弃物的排放会在一定程度上改变海水中的化学成分,对海洋环境造成污染。由于海水具有流动性,通航及开发等泄漏的石油等物质会漂浮在海面上,随着海水或海冰的流动扩散到其他海域乃至全球海域,造成全球海洋环境的恶化。此外,船舶航行过程中会排放氮氧化物和硫氧化物,二者在空气中与水和氧气发生作用易形成酸雨,对生态环境产生严重危害。

(二)北极地区生物的生存受到威胁

环境是生物赖以生存的根据地,航道通航和资源开发对环境造成破坏的同时,对北极生物的生存构成了极大的威胁,石油污染、噪声污染、生物入侵、设施建设是威胁生物生存的重要因素。

北极生态系统自我调节能力弱,加上低温环境及海冰的存在,使石油的分解和回收变得困难。石油具有毒性、漂浮性及黏附性等特点,严重危害北极生物的生存。石油进入鱼类等海洋生物体内将损害其神经系统、呼吸系统及生殖系统,使其中毒甚至死亡;油类物质漂浮在水面,影响植物光合作用,阻碍大气与海水的气体交换,影响植物呼吸作用。此外,油污可能会黏附在鸟类羽毛和北极熊等动物皮毛上,使其丧失行动能力甚至死亡。船舶航行、油气开发及破冰均会产生噪声,这些低频声波严重影响了海洋生物间信息的交流和传递。

通航中压舱水排放和船舶污底携带导致的外来物种入侵也是威胁北极生物生存的重要因素。全球海上运输中每天随船舶压舱水扩散到其他海域的海洋动植物达 3 000 多种。外来生物入侵后,可能会与当地生物竞争,破坏生物多样性;可能会与生物杂交,破坏遗传多样性;外来物种在迁移过程中可能携带病原微生物,引起病害的流行。对于生态脆弱的北极来讲,一旦发生生物入侵,破坏将是毁灭性的。此外,相关航运设施的开发和建设也会在一定程度上对当地的生态环境造成破坏,进而影响生物的生存。

（三）北极地区乃至全球的气候变化加剧

船舶通航过程中温室气体的排放将会进一步加剧全球气候变暖,影响全球碳循环,并同时引起一系列其他效应。

北极海域、亚北极海域和北极苔原冻土地带是全球重要的碳汇区。航道通航将从两个方面影响北极地区的碳循环:从气体排放和冻土融化的角度来看,航道通航对全球气候变化具有正反馈效应,规模性通航将直接导致北极地区的温室气体排放量增加,而冻土融化也将释放大量的甲烷(甲烷气体与等量的二氧化碳相比,增温效果要高 20 倍),加剧气候变暖;从海冰融化的角度来看,海冰覆盖面积的减少可能增加海洋对碳的吸收,将碳以颗粒物的形式输送到海底,减缓碳的排放,对全球气候变暖起到负反馈作用。

气候变化会引起一系列其他生态效应。北极冰川是地球上最大的固体淡水库之一,淡水资源占地球的 70% 以上,一旦融化将使地球淡水资源面临严峻挑战。北极生态系统的动态变化也会影响其他地区的生态环境变化,北极气候变化使其他地区发生风暴潮等极端天气和自然灾害的频率增加,对人类的生产生活产生不利影响。

（四）北极地区居民生产生活受到影响

人类是生态系统的一部分，在北极航道通航和北极资源开发的过程中，人类既是能动的参与者，也是受害者。特别是对北极地区的居民（因纽特人）来讲，他们的生产生活将因此受到巨大影响。

北极航道通航带来的大气污染和水体污染可能导致疾病的暴发，威胁人类的健康。空气中碳氧化物和氮氧化物等污染物增多将会大大影响人体的输氧功能，其中氮氧化物破坏性极强，如二氧化氮进入人体肺内，形成亚硝酸和硝酸，增加毛细血管的通透性，进而引起胸闷、咳嗽、气喘甚至肺气肿等症状；水体的污染严重影响着人们的饮水安全。北极地区土著的经济模式以狩猎、采集、驯养和动物皮毛加工等传统农牧业和渔业为主，食物来源主要是鱼类、驯鹿、鲸鱼、海豹和鸟类。航道通航对生物生存构成威胁的同时，间接地影响了当地居民的生产生活。生物的减少导致经济收入的减少，食物链的变化对居民的饮食习惯产生影响。

2.3 北极航道发展趋势

在全球气候变化的环境下，北极航道资源逐渐发展，趋于形成一种"新常态"，主要包括世界政治经济重心向北偏移、北极圈政治格局改变、北极航道专业化三方面的改变。

"新常态"之一：世界政治经济重心向北偏移，环北冰洋国家崛起。北极航道资源的逐步发展，会带动航道沿岸港口、城镇的迅速发展壮大，还会促进北极的油气、生物等资源的开发，世界贸易航运重心可能会逐渐向北偏移，改变世界经济格局。同时，北极航道的发展必然提升北冰洋的战略通道地位，导致世界政治格局的改变——俄罗斯、加拿大等环北冰洋第一层位国家崛起，中国、日本等第二层位国家迎来新战略机遇。

"新常态"之二：北极圈周边政治格局改变，新北极国际关系逐步建立。北极因其独特的战略位置和环境条件，一直是北极圈周边国家权益争夺的焦点，全球气候变化加速了北极航道的开通，周边国家在北极事务上"对外封锁"的旧有思维方式已不能适应新形势，北极圈周边政治格局必然出现新变化。同时，基于国际环境法的传统北极国际关系体系将被打破，更多的国家会参与到北极事务中，新北极国际关系将逐步建立。在21世纪海上丝绸之路建设的背景下,依托历次北极科考积累的经验基础和良好口碑,我国将在新北极国际舞台上发挥更大作用。

"新常态"之三:北极航道资源利用逐步常态化,北极航线贸易、船舶和人员专业化成为新特征。北极航道相较于传统航线来说具有距离短、航行环境安全、拥堵程度低、低温利于货物保存等特点,其一旦开通,将会迅速成为国际航运资源的常态化利用通道之一①。具体表现为六个新特征:一是通航路线指南专业化,根据北极航道季节规律和冰情特征有专业化的航线指南;二是北极航道船型和船队专业化,形成适宜北极航道航行的专用船型和船队;三是通航路线港口专业化,即形成专业化的北极航道路线停靠补给港口;四是北极航行人员专业化,形成专业化的北极航道船员队伍,配备经验丰富的船长和水手;五是北极航道贸易专业化,形成专业化的北极航道贸易公司、贸易货物类型等;六是北极航道配套设施专业化,形成系统的适用于北极航行的仪器设备、配套设施等。

上述北极航道资源的"新常态"趋势对于我国的影响是多方面的。首先就是新航线的开通:从我国出发到北欧的商船可能会优先选择航行安全系数较高、距离较短的东北航道,逐步形成我国远洋海运的第九条贸易路线。其次可以预见的是北方港口将重新布局,新航运路线的兴起会逐渐影响我国传统重要港口的地位:距离北极较近的北方大港口货运量将会增大,地位提高。这些影响和随之而来的深层变化很值得关注,一些重大战略问题亟须深刻思考。例如,如何应对北极理事会观察国面临的机遇和挑战?如何开辟我国东北地区新出海口?如何选择北极航道的新海上丝绸之路战略支点?因此,有必要从国家层面加强重视,深入研究,尽早形成以我国新北极战略为核心的一系列战略部署和应对措施。

2.4　北极航道与可持续发展

北极航道通航背景下,如何平衡北极资源开发与生态环境保护成为航道发展面临的重要问题。为实现北极航道及北极地区的可持续发展,提出对策建议如下。

(1)实现北极航道生态立法,构建北极航道管理机制。目前,国际上尚

---

① 北极航道:或成我国第九条远洋运输航线 [EB/OL]. http://jjckb.xinhuanet.com/cjxw/ 2010-03/18/content_ 212529.htm. 2010-03-18.

无针对北极生态管理的相关法律法规,现有规定大多适于全球性生态环境问题。因此,国际社会及有关国家应推动完善北极航道生态环境立法体系建设,设立航运管理与环境保护制度,明确规定船舶污染物排放标准及噪声污染标准等指标;构建以生态系统管理为原则的北极航道管理机制,成立专门的北极航道航运管理组织,规范船舶的科学环保航行。

(2)适度开发北极资源,保护北极生态环境。积极开展北极地区能源资源与生态环境基础研究,全面掌握北极地区资源、环境与航道状况,因地制宜开发北极资源,并在特殊地区建立保护区,实施资源与生态兼顾的科学管理体制;完善环境污染监测预防机制,形成科学合理的监测预防体系,提高应急处置能力,减少航道运输及资源开发对环境的影响。

(3)加大北极科研力度,提高环境保护能力。加大北极科学考察力度,先期开展北极环境调查及影响评价,为资源开发与环境保护提供方向指引;加大石油等能源开发设备研发力度,降低开发活动对环境的影响及干扰程度,加强船舶制造技术创新力度,降低废物排放及噪声污染,为北极环境保护提供科技支撑;加强生物处理等溢油应急研发,提高溢油应急处置能力,为未来北极海域污染处理做好相关技术储备。

(4)加强国际合作,实现可持续发展。在北极航道通航趋势下,保护北极地区生态环境,实现可持续发展需要世界各国的合作。加强相关国家的技术合作,包括北极航行航运基础设施建设、船舶制造及能源开发技术合作等;世界各国与国际组织之间加强合作,推动北极航道航行管理及北极生态环境保护国际标准的制定;加强北极国家与非北极国家之间的沟通合作,共同促进北极地区的和平、稳定和可持续发展。

第 三 章

北极航道地缘环境要素及特征分析

　　研究北极航道地缘环境之前,首先要理解地缘环境和地缘体的内涵。地缘环境包含广义层面及狭义层面两种类型的划分。在广义层面上,沈伟烈认为,地缘环境是一个国家在国际政治关系中所处的外部安全状态,其实本质就是一国"地理上的国际环境"。李传林认为,地缘环境是一个国家在国际地缘格局中所面临的外部安全态势。在狭义层面上,胡丹露认为,地缘环境是国家(或地区)在实施战略博弈或谋划自身发展时,所关注的各种地缘关系的总和。胡志丁将地缘环境界定为地缘结构、地缘关系、地缘功能及相关地理环境条件的总和。从广义层面到狭义层面,地缘环境包含的内容更加清晰、具体。地理环境作为地缘环境中的相对稳固的基础组成部分,可以为地缘环境分析提供基础的地理参照和研究框架。据此总结,地缘环境是一个集地理环境、政治环境、经济环境、军事环境等多种因素于一体的综合性研究领域。其中,地理环境是地缘环境的底层基础组成部分,也正因如此,人们针对地缘环境的认知和研究深受地理环境的制约。因而地缘环境是影响国家生存与发展的所有内外部环境、条件和要素的统称,包括地理环境、地缘关系和地缘结构等。具体到地缘环境的研究,其内容主要是涉及影响地理上相邻国家或者国家区域之间地缘关系的一切条件。地缘关系指的是以地理位置、综合国力和距离等地缘要素为基础,随之产生的国家间的地缘政治、地缘经济、地缘军事、地缘社会文化、地缘资源环境等联系。因而地缘环境具有明显的动态演化特性,区位、位势、经济、政治、军事、文化、资源等众多因素的变化都会引起地缘环境的演变。

地缘体是地缘环境的基本组成部分和研究对象,可理解为"相互毗邻或具有相对空间关系的地域单元",也有学者理解为"地缘体是具有一定属性和空间特征的地域单元,是进行地缘问题研究的对象"。由上述地缘体的概念和定义可知,地缘体是具有一定特征、行为及职能的地域实体,占据一定的地域空间且具有一定的属性特征及空间特征。其中,国家是国际社会中最重要的地缘体;地缘体的特征既包含空间特征(如区域形状),也包含属性特征(如经济人文状况);地缘体的行为是指地缘体在相互交往过程中所产生的相互作用,包含政治行为(如结盟、对抗)、经济行为(如建立自贸区)、军事行为(如威胁、入侵)等多种类型;地缘体的职能是指某一地缘体在多个地缘体的相互交往中所发挥的作用,如新加坡在东亚国家与欧洲、非洲及中东各国贸易的海洋运输过程中发挥航运中转站的职能。此外,还可以根据地缘体的形态、职能、陆海邻接状况及地缘问题研究的尺度将地缘体划分为其他多种类型。

3.1　地缘政治要素与特征

地缘政治是从空间观地理中心论出发,对国际局势背景进行研究和整体的认识。从全球的空间背景来看待地理政治格局及各国或国家集团之间的相互关系,地缘政治已成为表达全球大国间政治战略上的对抗与平衡的基本术语。

基于地缘政治的概念,北极航道地缘政治,是扩大了的地缘政治理论,实际上摆脱了地理上相邻的概念。地缘的范围,不再局限于地理上的相互为邻,而是沿着北极航道延长线的范围延展。其主要依据为:第一,对北极航道地缘政治理论作如此延伸,符合地缘政治学的定义,因为地缘政治学可以理解为从全球的空间背景来看待地理政治格局及各国或国家集团之间的相互关系;第二,航道的地缘政治理论的依据不应该与依附固定区域的地缘政治相同,因为它具有很强的动态性和延伸性。所以,可以将有关航道的地缘政治中的地缘范围扩大为凡是航道能够达到的地区。除此之外,这样做的有利之处还在于,可以将北极航道的地缘政治利益与北极的地缘政治权益分开,更能体现"北冰洋是全人类的北冰洋"的理念,有利于实现北冰洋和北极航道从属于全人类利益的目标。

北极航道地缘政治是由国际政治行为体围绕北极航道事务进行竞争与协调所产生的,北极航道沿岸地区是地缘政治的舞台,而国际政治行为体是地缘政治的主体,他们在北极航道地缘政治关系构建过程中起主导作用。北极航道事务已经超越了北极地区和航道本身,出现全球化趋势,逐渐呈现扩大之势。

3.1.1　地缘政治行为体多样化

涉及北极航道的国际政治行为体相对于其他地区地缘政治格局具有多样化的特点。除了主权国家之外,还包括国家集团、政府和非政府组织等新型行为体,形成多层次的立体式地缘政治格局。除了安全问题以外,气候和环境问题也成为北极及北极航道地缘政治的热点。对于这些问题,国际政府或非政府组织的作用要比主权国家更有优势,但这些国际组织作用的发挥最终还要依赖于国家集团或主权国家的力量。总体来说,可以从国家、国家集团、政府间国际组织和国际非政府组织等角度考虑。

国家方面,主要包括北极航道沿海国、北冰洋沿岸国家、环北极国家和航道涉及的近北极国家。北极航道经过海域中涉及沿岸国家的大陆架和专属经济区等海区,直接联系的是东北航道涉及的俄罗斯和西北航道涉及的加拿大、美国。北冰洋沿岸国家,是北极圈内的特殊部分,其领土存在于北极圈内,拥有北冰洋海岸线,这些国家有俄罗斯、加拿大、美国、丹麦(格陵兰岛)和挪威(斯瓦尔巴群岛)五国,也被称为"北极五国(A5)"或"环北冰洋五国"。环北极国家是指在北极圈内有领土或海域分布的国家,分别是俄罗斯、美国、加拿大、丹麦、挪威、芬兰、瑞典和冰岛。北极航道事务已经超越了北极及其航道区域本身,呈现全球化趋势,因而北极航道地缘政治行为体的范围持续发展扩大,尤其是距离北极较近的"近北极国家"。这些国家主要分布在西北欧和东北亚地区,欧洲包括英国、爱尔兰、德国和荷兰等国家,亚洲主要有中国、韩国、日本等国家。

国家集团方面,主要包括北极五国、环北极八国(A8)、欧盟(EU)和北约(North Atlantic Treaty Organization, NATO)。北极五国既是北极竞争中最主要的权益诉求者,也是最主要的相互争斗方,它们之间既有矛盾冲突,又有共同利益。环北极八国虽然没有形成正式组织形态的国家集团,但他们在北极地缘政治竞争中,通过论坛等形式的国际组织机制,沟通和协调关系,谋求共同的立场与政策,事实上形成了一支有别于环北极八国之外国家的集体力量,是北极地缘政治关系中一支具有集体性质的行为体组合。环北极八国以集体形式参与北极地缘政治竞争的途径与手段主要是北极理事会（Arctic Council，AC）。欧盟与北极存在特殊关联，通过相关成员国投身于北极事务之中。在北极五国中，丹麦是欧盟成员国，挪威则是与欧盟关系紧密的欧洲经济区国家。在环北极八国中，丹麦、瑞典、芬兰为欧盟成员国。《欧盟和北极地区》（2008.11.20）立法性文件是欧盟的第一个关于北极地区的政策性文件，该文件在获得欧洲议会和欧盟理事会通过后，成为欧盟综合性海洋政策的重要组成部分。从北约成员国与北极事务的关系来看，美国、加拿大、丹麦、挪威、冰岛五个北极成员都是环北冰洋国家，前四国为北极五国组成部分，成员中的英国、荷兰、意大利、德国、法国、西班牙、波兰等非北极国家也在积极参与北极事务。

政府间国际组织方面，主要包括北极理事会（AC）、巴伦支海欧洲－北极理事会（Barents Euro-Arctic Council，BEAC）、北欧理事会（Nordic Council，NC）、联合国政府间气候变化专门委员会（Intergovernmental Panel on Climate Change，IPCC）、政府间海洋学委员会（Intergovernmental Oceanographic Commission，IOC）等。北极理事会（AC）是由美国、加拿大、俄罗斯、北欧五国（挪威、瑞典、丹麦、芬兰、冰岛）和八个领土处于北极圈的国家组成的政府间论坛，其宗旨是保护北极地区的环境，促进经济、社会和福利方面的持续发展。巴伦支海欧洲－北极理事会包括丹麦、芬兰、冰岛、挪威、俄罗斯、瑞典及欧盟委员会，其主要职能是促进地区成员国之间的交流，缓和地区紧张局势，推动地区发展和繁荣。北欧理事会是瑞典、挪威、丹麦、冰岛、芬兰五国政府的协商和咨询机构，其宗旨是讨论北欧国家共同利益和合作途径，促进在社会、经济、文化、法律、劳工、交通运输和环境保护等领域的发展。联合国政府间气候变化专门委员会的主要任务是对气候变化的现状，气候变化对社会、经济的潜在影响以及如何应对气候变化进行评估，为北极地区的气候变化情况提供重要依据。政府间海洋学委员会通过科学调查，增加人类关于海洋自然现象及资源的知识，其宗旨是通过各国政府、民间机构等的团体活动，促进海洋科学调查，以增进对海洋性质和资源的了解，为北冰洋地带的海洋资源状况提供重要依据。

国际非政府组织方面，主要包括国际北极科学委员会（International Arctic Science Committee，IASC）、北冰洋科学委员会（Arctic Ocean Sciences Board，AOSB）、欧洲极地委员会（European Polar Board，EPB）、国际极地

基金会(International Polar Foundation, IPF)、泛太平洋北极工作组(Pacific Arctic Group, PAG)、北极研究管理者论坛(FARO)、国际北极社会科学协会(International Arctic Social Sciences Association, IASSA)、新奥尔松科学管理委员会(Ny-SMAC)等。国际北极科学委员会由环北极国家于1990年8月28日,在加拿大北极圈内的雷索柳特成立,其宗旨是制订北极科学考察研究计划,促进北极地区国家间的科学研究与合作。北冰洋科学委员会成员来自世界各国的研究中心和政府机构。欧洲极地委员会主要研究南北两极环境、气候状况,成员来自欧洲的各个研究中心、资助机构等。国际极地基金会为各国极地考察提供资金支持。泛太平洋北极工作组成员国包括中国、美国、俄罗斯、加拿大、日本、韩国六国,旨在计划、协调和开展北冰洋太平洋扇区的科学活动。

　　基于北极航道地缘政治行为体的多样化和北极事务参与度视角,统计了北极国家参与北极理事会、国际北极科学委员会、北极区域海道测量委员会、因纽特人北极圈理事会、太平洋北极组织等相关机构的基本情况,如表3-1所示。美国、加拿大参与了5个主要北极相关机构;此外,俄罗斯、丹麦参与了4个北极相关机构;而芬兰、挪威、瑞典、冰岛则主要参与了北极理事会和国际北极科学委员会两个机构。这些组织在北极资源相关事务中起着重要作用。

表3-1　北极八国参与北极相关机构情况

北极主要相关组织	北极八国参与北极相关组织情况
北极理事会	美国、加拿大、俄罗斯、挪威、瑞典、丹麦、芬兰、冰岛
国际北极科学委员会	美国、加拿大、丹麦、芬兰、冰岛、挪威、瑞典
北极区域海道测量委员会	美国、加拿大、丹麦、挪威、俄罗斯
因纽特人北极圈理事会	阿拉斯加(美国)、加拿大、格陵兰(丹麦)、俄罗斯
太平洋北极组织	美国、加拿大、俄罗斯

　　据此,北极航道地缘政治涉及的地缘政治行为体中,国家可以说是其中的最小单位,在北极航道的国际事务中可以作为独立地缘体参与。因此,以国家作为主要对象开展分析是地缘政治分析的基础,将北极航道沿线涉及的相关国家作为地缘政治研究对象是航道不断发展的重要需求。北极航道及其延长范围涉及的国家是指北冰洋沿岸国家、北极航道延伸所能到达的国家以及受北极航道开通影响的国家或地区。在北极航道权益和北极地位上的相互争夺及合作关系,涉及北极航道地区的安全和各相关国家的利益和资源、航道

权益,表征着各国在北极航道相关区域的对抗和平衡。

3.1.2　地缘政治向集团化发展

地缘行为体对北极航道开发利用的诉求各有不同,行为体间利益错综复杂,没有明确的阵营界限,具备相同利益诉求的各级各类政府与非政府组织、各类利益集团等新型行为体,将在竞争和博弈中相互靠拢,逐渐形成共识,使行为体之间以谋求共同利益为目的的集团化聚合趋势越来越明显。同时,隶属不同利益集团的国家与组织既合作又竞争,使得利益集团内部结构相当复杂,各政治行为体围绕北极航道利益竞争的战略不断调整。俄罗斯、加拿大、丹麦等国围绕北极归属权的争夺与博弈逐步升级。美国、挪威、瑞典等国的竞相参与及其北极战略政策也在不断调整。各行为体在北极地区的活动、政治力量的增长扩散与衰落收缩,使得集团内部和集团间产生多方政治力量间的合作与竞争。因此,地缘行为体根据相同利益诉求逐渐划分为不同的利益集团,集团化特征越发明显。

北极航道地缘政治行为体之间开始合作或竞争,形成地缘政治格局的雏形。目前,北极航道途经的北极各地区业已形成的地缘政治合作主要有北极五国(美国、丹麦、俄罗斯、加拿大和挪威,人们称其为 A5)、环北极八国(加拿大、俄罗斯、美国、挪威、丹麦、冰岛、芬兰和瑞典,人们习惯将其称为 A8)、巴伦支、欧洲等。A5 既相互竞争又协调合作,维护其共同的北极及北极航道利益。A8 的活动主要通过北极理事会展开。A5 发展较快,2008 年 5 月 27 至29 日,它们在格陵兰岛商定在现有国际公约的基础上进行谈判,实现对北极及北极航道权益的分割。会议发表《伊鲁丽塞特宣言》,该宣言强调 A5 在北极事务中的特殊利益和权力,主张 A5 在北冰洋事务中的绝对地位,并表达不希望产生更多的国际法律制度来影响其对北冰洋的管理。宣言提出,由于这五个北极国家对北冰洋的大片海域拥有主权、主权权利和司法权,他们在处理这些挑战和可能面临的问题上有着独特的优势。

近年来,随着北极航道地缘政治竞争愈发剧烈,在 A5 关系中又出现新的动向。这一过程中,加拿大、挪威和丹麦三国与美国的关系要更近一些,它们与俄罗斯之间的利益分歧也愈加明显。俄罗斯指责美国、丹麦、加拿大和挪威正在共同执行禁止俄罗斯从大陆架开采资源的政策,认为这一做法明显违背现有国家法,不符合其地缘、经济和防务利益,并对其国家安全构成整体性威胁。总之,未来关于北极及北极航道权益的争夺会愈加激烈。

中国学者将北极地缘政治格局分为三大利益集团:以俄罗斯为代表争取沿海线权益的利益集团、以美国为代表标榜全人类利益和沿海线权益的利益集团、以其他非北极圈国家为代表争取全人类利益的利益集团。

3.1.3 地缘政治趋于全球化

北极航道地缘范围以地缘区域作为空间依托,呈现逐渐扩大的趋势。多种国际政治行为体竞相参与北极航道事务,地缘政治呈现"全球化"趋势。北极航道连接全球最具战略意义和经济最为发达地区的特性,使其地缘政治问题成为重要的全球问题,而不仅仅是地区性问题,主要表现在以下三个方面。

一是气候变化及其对北极航道全线通航的推动作用引发全球关注,通航引起北极地区生态环境保护、生物资源开发和养护、油气矿产资源的开发利用等问题。这些已不仅仅是北极国家的问题,而是直接关系到北极圈外国家的共同利益,形成一种全球共同关注的模式。北极气温不断上升导致的自然变化以及北极航道通航引发的经济、社会、政治变化,通航反映出的人类共同利益问题凸显,引起国际社会的高度重视和积极参与。相关的科学研究和环境保护等活动日益增多,相应的国际交往与合作超越北极航道及其地区本身,正在朝全球治理方向迈进。参与北极航道地缘政治的国家正在以北极地区为中心向周围扩展,国家集团和各类国际组织也是北极航道地缘政治的积极建设者。无论是类型上还是数量上,参与北极航道地缘政治的行为体都在迅速增加,其分布范围不断向全球扩散、蔓延,导致北极与北极航道相关事务的全球化。

二是北极航道将引起世界政治经济格局的变化,相对于传统航线来说既具有距离短、航行环境安全、拥堵程度低、低温利于货物保存等特点,又成功地避开了马六甲海峡和苏伊士运河,成为欧、亚、美三大洲的交流快速通道和国际商业航运的战略据点,将在世界航运格局中发挥巨大作用。聚焦于北极航道与资源的巨大利益,全球投资者或将开始抢位并着手开展规模性布局,势必使世界政治重心向北偏移,影响全球政治经济格局,带来力量分布的变革。

三是北极航道为北极资源开发提供了新的路径,为其他国家进入北极地区资源开发市场提供了便利。越来越多的国家和其他国际政治行为体认识到北极航道的资源利益和未来的战略意义,主动参与航道事务,使航道地缘政治关系所覆盖的范围呈现出全球化的迹象,如澳大利亚、印度等国也在逐渐加入北极航道地缘政治事务。越来越多与北极距离遥远的国家也希望通过北极航道参与北极资源的瓜分。一些非北极国家如日本、印度、英国、韩国等,对北极航道及其带来的北极资源表现出浓厚兴趣。英国积极参与欧盟和北约的北极航道事务,日本则参与北极航道的科学考察和国际研究,而印度通过探险队(2009 年 4 月首次成功远征北极)积极参与北极航道事务。

3.2　地缘经济要素与特征

地缘经济是基于地理区位、资源禀赋、经济结构等因素所形成的国家或地区之间合作、联合或者竞争、对立乃至遏制等的经济关系。北极航道在北极冰川融化后将带来新的海运契机,地缘经济意义更为突出。北极航道主要承担北极域内航运、北极域内港口到域外港口的航运、穿越北极的跨洋航运三类。从当前发展情况来看,有连接亚欧"黄金水道"之称的东北航道商业利用率最高,东北航道的商业航行已开始进入一个崭新的时代。随着西北航道和中央航道的陆续开通,北极航道巨大的地缘经济潜力愈发凸显,随着各利益主体对北极航道的不断开发利用,这条航道也将影响世界贸易格局。

3.2.1　地缘经济潜力大

北极地区拥有巨大的地缘经济价值与潜力,主要体现在它的经济作用和商业价值,其为各利益主体提供的经济利益主要表现为三方面:首先是航运经济利益,将使亚、欧和美洲之间的航线缩短 6 000～8 000 千米,距离缩短使国际航运成本极大降低,可节约大概 40% 的海上运输成本,从而提升航运利益;其次是贸易经济利益,全球超过 70% 的贸易是通过远洋运输实现的,有的国家甚至 90% 的贸易依赖于海上运输,各利益相关主体依托北极航道的交通优势发展贸易经济,将明显优于其他国家;最后是资源经济利益,北极地区丰厚的油气资源使得北极被冠以"第二个中东"的美誉,北极航道的开通使得北极资源的开采更加便利,极大地缓解了各国的能源危机,这将促进北极沿岸俄罗斯、加拿大、美国、挪威等环北极国家能源以及相关贸易的进一步拓展。同时,北极地区渔业资源潜力也不容忽视。

3.2.2 影响全球贸易格局

北极航道的开通将对全球海运格局及世界经济格局产生重大影响。随着北极冰层融化速度的加快,北极地区每年可通航的时间将越来越长,通航时间由7月中旬延时到12月上旬,跨度已接近5个月,作为连接亚欧交通新干线的雏形已经显现。随着全球变暖和冰层不断融化,将出现两条可以常年通航、连接大西洋和太平洋的海上航线,它们将成为联系东北亚和西欧、联系北美洲东西海岸的最短航线。而且,随着这两条航道的开通,将可能形成一个囊括俄罗斯、北美、欧洲、东亚在内的"环北极经济圈",这将深刻影响世界经济、国际贸易和地缘政治格局。

经济贸易受北极航道开通影响的国家所组成的区域可界定为北极航线经济圈。根据经济圈航运经济、贸易经济、资源经济的地缘特征,这里将地缘经济利益主体归为三类:一是具备得天独厚地理区位优势的环北极国家;二是辐射影响区域内的北极航道延长线国家,如欧洲与北美洲等地区;三是国内贸易经济与能源出口受航道开通影响较大的传统航线受益国。因此,北极航道开通不仅涉及环北极国家,其他受影响较大的各国的重要港口、对外贸易量、资源量等相应的地缘经济因素,均会受到航道开通的地缘经济影响。

北极航道的开通将深刻影响传统航线,会减少一些原本通过传统航线苏伊士运河和巴拿马运河进行的贸易,对传统航线沿岸国家的海运贸易产生不小的冲击,对外贸易也会受到深刻冲击。对于美国与中、日、韩等国的贸易联系,北极航线的开通对美国西海岸与中、日、韩等国贸易影响不大,但是将会促进中、日、韩等国与美国东海岸之间的贸易往来。北极航线的开通,缩短了东亚、欧洲、美洲之间的距离,将会使北极航线经济圈的贸易联系更加紧密,或将进一步促进中、美、日、韩等国之间的贸易联系。

3.3 地缘军事要素与特征

地缘军事是"地缘"和"军事"两个词汇的结合,可以理解为有地理因素参与作用下形成的军事情况。北极航道开通使通过北冰洋进行的军力投送和军事行动更加便利化与多样化,使该区成为各北极国家战略博弈的"新战场"。各国的北极"斗法"愈演愈烈,北极军事化趋势正进一步加剧。美俄极其重视对北极的军事控制,在该区建设军事基地、举行演习、部署防空导弹系统及反潜机等。北大西洋公约组织(NATO)东扩和美国对俄罗斯的战略挤压将长期存在,而俄罗斯也会对美国和欧洲国家形成战略反制和威慑。但现在,几乎所有北极国家的政策声明中都强调目前在北极还没有现实的军事威胁,各国都承诺在该地区的行动会遵守国际法的基本原则,以确保北极的和平与稳定。截至目前,只有《北极军事环境合作宣言》一个条约涉及北极国家间的军事安全议题。

3.4　地缘文化要素与特征

地缘文化一般是指根据各种地理要素和政治格局的地域形式分析与预测世界或地区范围的战略形势及有关国家政治行为的文化表现状态。地缘文化的存在诞生了不同的民族国家,时刻影响着国家间关系,甚至成为国家战争和地区动荡的主要根源。北极航道开通将使得北极地缘文化更加开放化。北极地区文化起源、民族分布、原住民分布是北极地缘文化研究的重要因素。北极地区土著民因纽特人的"冷文化",也称"白色文化",分布于白令海峡、阿留申群岛、阿拉斯加、加拿大北部和格陵兰等地。北极北欧地区驯鹿文明的拉普人是北欧民族,属乌拉尔人种,为蒙古人种和欧罗巴人种的混合类型,主要分布在挪威、瑞典、芬兰和俄罗斯的北极地区。

北极地区丰富的地缘文化,以人的知识、精神以及行为为主要内容,以人的智慧和行为为核心,不表现为实物形态,对于人类社会的重要意义也体现出独特地缘文化的重要内涵。北极原住民的知识存量能够为北极的开发提供丰富的借鉴意义,北极原住民的权益诉求也是北极开发中需要着重考量的部分。此外,对北极原住民传统知识和传统文化的有效保护及在开发与治理中融入北极原住民文化、协调开发国家与原住民之间的和谐关系,有助于实现在北极地区的可持续发展。对不同国家和地区的地缘文化信息进行分析,可帮助船队在北极航行过程中有效避免各种民族矛盾,促使航行活动顺利进行。

3.5　地缘资源要素与特征

近年来,随着全球变暖,北极海冰面积不断缩减,北极航道综合性价值的凸显使其迅速成为战略要地。北极航道本身是一种极其重要的航运资源,再加上北极地区丰富的资源,地缘资源特征愈加明显。北极航道通航突发地缘资源的优势,主要从航运资源、自然资源、科技资源、旅游资源、特色鲜明的景观资源和区域性组织资源进行特征分析与考量。

3.5.1　自然资源

北极地区的资源因为其独特的自然环境和地理位置,不仅含有大量的矿物质,而且还包含北方森林、海洋生物和淡水。美国地质调查局能源机构估计,世界上 22% 的石油和天然气可能位于北极之下。据统计,俄罗斯巨大的能源资源占北极总量的 52%。截至 2013 年,俄罗斯通过管道出口了 88% 的原油、76% 的天然气和 79% 的石油到欧洲。北极蕴藏着大量的矿产,包括磷酸盐、铝矾土、铁矿石、铜、镍和金刚石。俄罗斯平均每年生产 1 100 万吨磷酸盐,占全球总产量的 8%。磷酸盐除了可以在农业中用作肥料,还有其他用途,包括水处理、阻燃材料和防腐。2010 年,俄罗斯还将铝土矿开采加工成 385 万吨铝,占全球铝产量的 9.3%,成为世界第二大铝生产国,仅次于中国。俄罗斯还开采了 100 万吨铁矿石,占全球产量的 6.25%,在工业化经济体中被广泛使用。北极恶劣的环境使得自然资源的开发相对缓慢。在第二次世界大战后,随着对北极地区煤、石油、天然气等资源的开发,人们对北极资源的开发和研究越来越频繁。北极地区风能资源丰富且分布广,技术可开发量约 1 000 亿千瓦,约占全球陆上风能资源的 20%。环北冰洋的喀拉海、巴伦支海、白令海峡和格陵兰岛等是北极风能资源最丰富的地区。北极风能资源虽然丰富,但目前开发利用的规模较小。除俄罗斯外,丹麦、瑞典、加拿大、美国等其他环北极国家大多已经实现风电的规模化开发,但已建风电项目基本位于北极圈以南的领土范围内,北极地区风能资源尚处于待开发状态,未来将是世界风电发展的重点地区。

环北极八国对于北极资源开发和研究取得了较大的成果。可再生能源消耗是可再生能源在最终总能耗中的份额,2000—2017 年可再生能源消耗与发电量大都呈现总体上升的趋势,如图 3-1 所示。而在能源发电量中,丹麦的发展最为突出,2017 年是 2000 年的 4.2 倍,年均增长率为 8.78%,如图 3-2 所示。

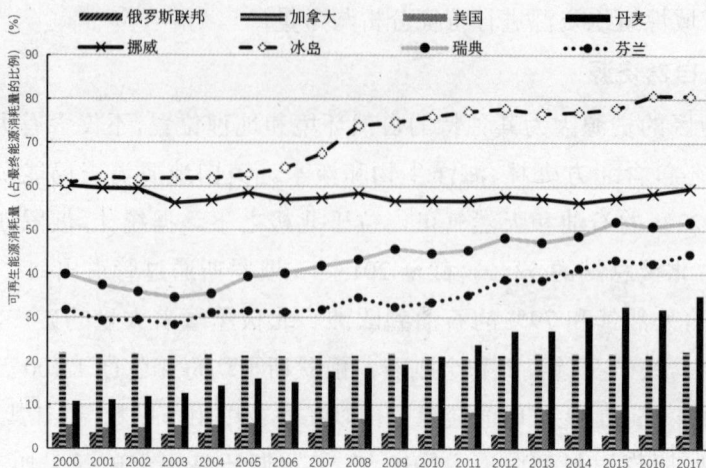

图 3-1　可再生能源消耗量占最终能源消耗量的百分比趋势

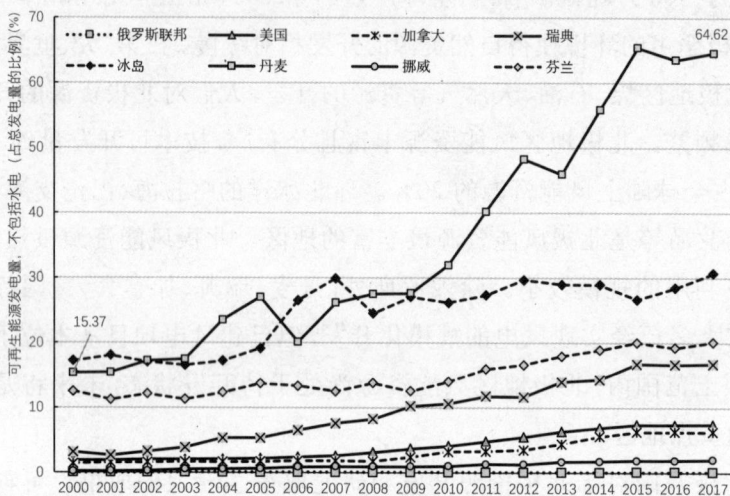

图 3-2　可再生能源发电量趋势

3.5.2　科技资源

　　北极航道和北极地区处于高纬度的特殊环境,使其在科学考察和研究方面占有重要的位置。北极地区的地形、特殊气候等独特的客观存在均是北极地区的优势科技资源。北极地区复杂恶劣的天气对于航行设备和科考设施有极为严苛的要求,科考船、北极地区不断兴建的科考站是北极开发的关键设施,也是重要的科技资源。由于极地地区环境恶劣,对于极地资源的开发变得困难,这吸引着更多的科研主体积极投入到极地资源开采的研究中,可视为对于北极科技资源的开发,当然,北极航道本身也是可被不断开发及优化的科考资源。

3.5.3　旅游资源

依托北极航道,很多极地国家对于本地旅游业的发展进行了政策上的支持。以挪威北极圈内最大的城市特罗姆瑟为例,特罗姆瑟位于北纬69度20分,是挪威北极圈内的重要港口,因为有北大西洋暖流通过,是一个终年不冻港。早在19世纪,特罗姆瑟就已成为北极地区的主要贸易中心和北极探险停靠地。这个小城被广袤的北极自然风光包围,十几分钟的车程,人们就可以投身于近乎原始的大自然中。近年来,极地旅游渐成热门,为了吸引游客,极地更是不断创新相关形式,通过雪地野营、冰海漂流、追逐鲸鱼等独具特色的活动增加北极的旅游魅力,提升游客的相关极限体验。作为和平利用极地资源的一种方式,极地旅游强调人类共有极地资源的权利。随着航道的发展,北极旅游不断升温,船舶载客量不断提高,旅游景点持续扩大,不同季节旅游项目得以拓展,极地附近的国家逐渐把极地旅游看成一个新的经济增长点。加拿大、挪威、冰岛、俄罗斯等国争相设立独具特色的北极旅游路线,推动北极生态旅游发展。

3.5.4　景观资源

极地是冰雪的世界,是世界上"最后一片净土"。纯洁壮阔的极地景观在各类世界奇观中独具特色。北极航道的通航将带给全人类更多欣赏和感叹这种壮丽景观的机遇。单纯的景观无法构成资源,在观赏与赞叹的过程中构成了人们心中丰富的人文感受,丰富了游客的精神感悟,筑牢了极地在世界各国人们心中无法撼动的地位。只在南北两极的高纬度地区出现的极光,也作为一种独特的景观资源,供人类观赏这种地球带来的壮丽的"焰火盛会"。此类精神资源有利于在北极开发过程中稳固极地的神圣位置,使各国以更加合理、敬仰的态度严谨对待开发行为,有利于保护极地相关资源。

3.5.5　组织资源

为了促进北极航道及北极地区资源的可持续发展,许多国家都积极参与了国际合作组织,比如北极理事会、巴伦支海欧洲－北极理事会等组织。这些国际组织都在积极参与极地地区与航道治理等事务,国际组织在北极与航道治理中的作用也愈发凸显,在全球化进程的背景之下,国际组织作为北极航道治理的重要参与方,对北极及其航道事务的发展起到了积极的推动作用。

组织资源的丰富有利于各国在进行各项治理事务的过程中进行多方面的利益考虑,以更加有序、合理的方式处理北极及其航道复杂的事务。

3.6　地缘生态特征

北极航道通航带来的资源与经济效应明显,相应的地缘生态效应也将逐渐显现。北极地区寒冷的气候条件决定了其生态环境的脆弱,气候属性是漫长而寒冷的冬季和短暂而凉爽的夏季。北极的一些地区全年都被冰(海冰、冰川冰或雪)所覆盖,几乎北极的所有地区都经历了长时间的表面冰情形。

北极由大部分被陆地包围的海洋组成,因此,北极大部分地区的气候都受到海水的调节,海水的温度永远不会低于 -2 摄氏度(28 华氏度)。在冬季,尽管北极被极地冰层覆盖,但由于这种相对温暖的海水,它还不至于成为北半球最冷的地方。在新的国际环境下,分析和认识地缘生态的重要作用具有重要的价值和意义。

纵观北极航道开通和北极国家的生态保护的整体情况,从 2017 年开始,哺乳动物、鱼类和鸟类中,都出现了不同数量的受到威胁的生物,特别是美国和俄罗斯这两个国家,受到威胁的生物的数量明显比其他几个国家多,美国受到威胁的鱼类生物数量达到了 251 种,如表 3-2 所示。这警告我们不能忽视对生物生活环境的保护,要更加注重保护北极地区的生态环境,促进北极航道及北极地区的可持续发展。

表 3-2　北极国家受到威胁生物的数量

国家	受到威胁的生物			总计
	哺乳动物	鸟类	鱼类	
冰岛	6	7	16	29
丹麦	2	9	18	29
俄罗斯	34	57	39	130
芬兰	2	11	6	19
加拿大	14	21	43	78
美国	36	82	251	369
挪威	8	11	23	42
瑞典	1	11	15	27
总计	103	209	411	723

　　地缘生态作用和人类的历史进程成反比关系,同样的地缘生态条件对不同时期人类的影响是不一样的。通过北极国家的碳排放量来看地缘生态环境,二氧化碳和温室气体的排放量基本上是下降的趋势,如图3-3(a)、3-3(b),图3-4(a)、3-4(b)所示,这可能跟地缘生态环境保护意识的提高和生态环境保护的措施加强有关。

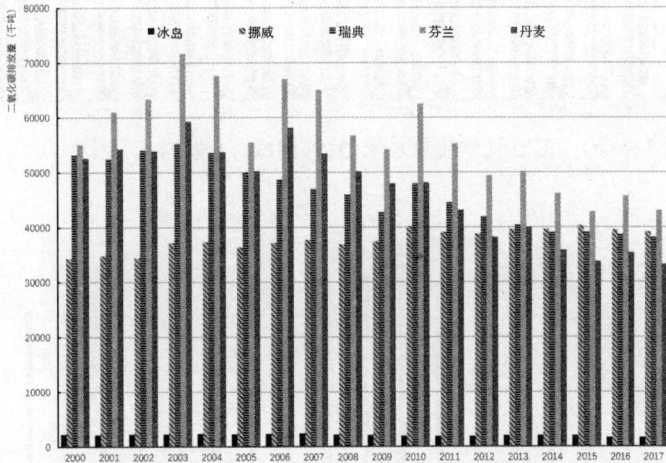

图 3-3(a)　二氧化碳排放量趋势(冰岛、挪威、瑞典、芬兰、丹麦)

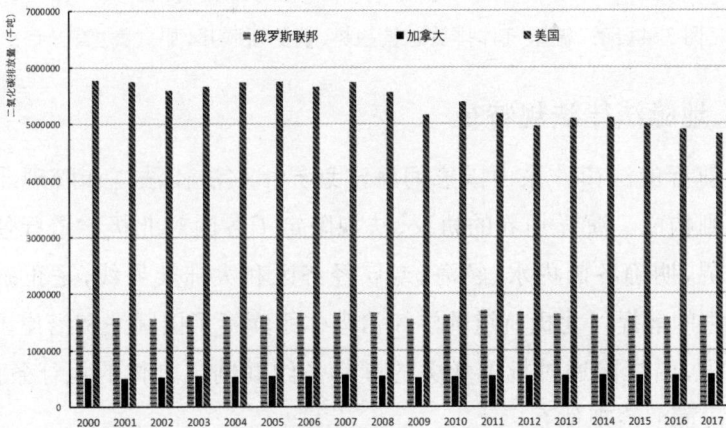

图 3-3(b)　二氧化碳排放量趋势(俄罗斯联邦、加拿大、美国)

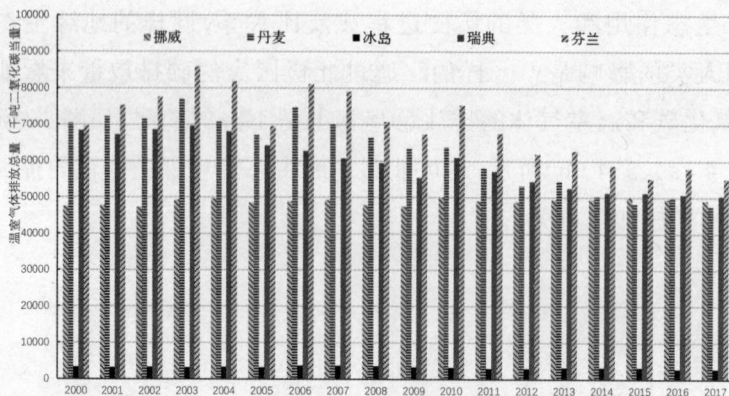

图 3-4（a）　温室气体排放总量趋势（挪威、丹麦、冰岛、瑞典、芬兰）

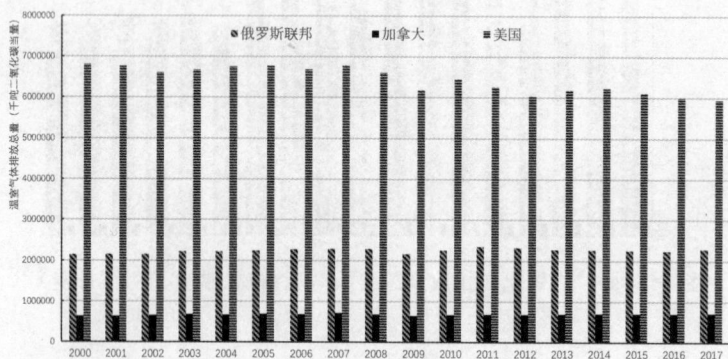

图 3-4（b）　温室气体排放总量趋势（俄罗斯联邦、加拿大、美国）

3.7　地缘法律法规特征

北极航行的法律体系由国家间海洋划界相关法律法规和管理北极航道的具体规则构成。海洋划界的协议、法规限定了各国对北极航道行使管辖权的权利边界，明确各国内水、领海、专属经济区和大陆架界线，是正确适用航道管理规则的前提。北极航道的法律治理体系囊括了国际法和沿岸国的国内法两个方面，沿岸国通过批准相关的国际条约并制定具体的执行条例，建立其国内法层面的治理体系。

北极航道的主要矛盾聚焦于西北航道和东北航道的法律地位。《联合国海洋法公约》第 3 部分规定了"用于国际航线的海峡"制度，第 38 条规定的过境通行权是外国船舶自由航行的权利基础。但根据目前已有的资料显示，北冰洋沿岸国家中，除美国采用正常基线法外，其他国家均采用直线基线法确定领海基线。西北航道和东北航道上的重要海峡因此被划入沿岸国的内水，致使其他非使用国尤其是海洋大国的航运经济利益、政治军事利益都大打折扣。航道的法律地位之争实际上是航道利益之争，航道的属性问题并非要有一个确定的结论，可在保留沿岸国控制权的前提下实行适用于国际航行的海峡制度，从而促进航道的可持续发展。

同时，由于《联合国海洋法公约》对于"冰封区域"的界定给予了充分的解释空间，占据地缘优势的俄罗斯和加拿大都援引该规定，提出北极航道位于本国的完全管辖权范围之内。1970 年，加拿大颁布单方面控制西北航道的《北极水域污染防治法》，规定了船舶制造的标准、破冰服务、领航程序以及垃圾"零排放"政策，制定变相针对外国船只的强制性报告制度。同样，俄罗斯自苏联时代起便对东北航道进行严格管控，在 1991 年出台的《北方海航道海路航行规章》中设立了严格的航行程序，实行强制性破冰引航服务，并收取高额费用。在国际层面，《联合国海洋法公约》仅仅就海洋环境保护做出一些规定。国际海事组织（International Maritime Organization, IMO）之前虽然在航海安全、船员管理和防止污染方面制定了全球性的可行标准，却并不能很好地顾及北极地区特殊的自然环境条件。其 2002 年与 2009 年颁布的两部针对北极的指南，仅为北极海域航行的建议范本，均不具有强制性，且标准本身也存在不少问题。颁布后，仅有挪威宣布愿意正式执行指南的各项规定，其他国家都未曾表露此意。

面对极地航行中国际管理的无能为力，国际社会正设法解决这一问题。国际海事组织自 2010 年开始起草的具有强制性的《极地水域船舶航行规则》（International Code for Ships Operating in Polar Waters，即 Polar Code，以下简称《极地规则》），于 2014 年 11 月正式通过。该规则可被视为极地航运治理的第一条"硬法"，未来只有持符合要求的极地船舶证书的船只方能进入极地水域，可以说《极地规则》是针对极地水域环境量身打造的规则。《极地规则》同时包含航行安全与防止海上污染两大内容，既全面又具体。《极地规则》的制定，还直接影响了航道沿岸国家的国内立法。例如，俄罗斯在《极地规则》讨论和诞生过程中，修改了其国内关于东北航道的法案，重新制定了 2013 年版本的《北方海航道海域航行规则》，对其管辖范围做出了较为清晰的界定，消除了北方海航道可能延伸到公海的长期争议，将强制领航制度修改为许可证制度，为其他国家在北方海航道独立航行创造了条件。这一政策上的松动，反映了俄罗斯进一步向国际海运界开放北方海航道的政策倾向。虽然这份《极地规则》并非毫无瑕疵，如其在规范重油的使用等方面存在缺失而备受诟病，但并不影响它成为北极航运治理的标杆，对北极航运的规范发展有着重大意义。

　　根据地缘法律法规特征，统计了环北极八国参与北极条约的数量情况，如表 3-3 所示，环北极八国参与北极相关条约数量差距较小。加拿大、丹麦、挪威参与并签署的北极相关条约数目最多，达 13 个；美国及格陵兰次之；芬兰、冰岛、俄罗斯、瑞典则位居第三。

表 3-3　北极八国参与北极相关条约数情况

参与条约数量	北极八国参与北极相关条约数
13 个	加拿大、丹麦、挪威
12 个	格陵兰（丹麦）、美国
11 个	芬兰、冰岛、俄罗斯、瑞典
9 个	阿拉斯加（美国）

　　另外，原住民制度和利益也是北极航道重要的地缘法律法规特征。在丹麦格陵兰岛，约 88% 的人口是因纽特人（2015 年统计）。格陵兰岛对自然资源的自治权利体现在《自治法》中，同时格陵兰岛政府遵守《联合国原住民权利宣言》，维持和原住民间的合作伙伴关系。加拿大有关原住民土地权利主要涉及两大法律：《现代土地所有权协议》和《宪法义务》。其中，《现代土地所有权协议》涉及加拿大政府保障原住民在特定领域的土地权利和资源的一些治理权利。在俄罗斯，原住民人口多、分布广，涉及北方原住民的法律保护主要是联邦法和地区规则。其中，联邦法主要涉及原住民人权、自由、原住民传统疆域和传统活动等原则问题，地区规则主要是规定了原住民社区的结构和活动、传统资源的使用、对公共事务和传统经济活动的参与、对原住民文化和语言的保护等。在挪威，《芬马克条约》承认和保障萨米人的土地权，为此还建立了所有权法院来处理相关争议。原住民的政策与条约借鉴了北极相关制度，成为北极开发过程中制度建设的基础性参考资源。

　　北极原住民是北极航道治理过程中不可忽视的特殊群体，他们通过本国相关法律政策参与北极理事会和巴伦支海欧洲－北极理事会，利用国际组织相关规范性文件、平台和全球治理议题来参与北极开发治理。据北极国家官方统计,北极地区居住着 40 多个原住民族,总人口约 50 万。北极原住民出于维护自身权益的目标参与北极治理,并逐渐发展成为治理北极的一支独特力量,且成果不菲。各北极国家陆续颁布相关政策落实原住民对土地和资源的权益。加拿大、美国、挪威、芬兰等国颁布政策,规定在原住民所在地开采资源之前须征得原住民团体的同意。另外,一些北极国家建立了资源开采的利益分配机制和补偿制度。例如,美国政府与阿拉斯加原住民的对话使得政府对原住民土地的使用通过现金补偿或者土地交换的方式来解决,加拿大北方地区产业集团对原住民团体实施利益补偿机制。这种政策机制极可能在北极地区获得认可和效仿,不仅有利于在北极开发的趋势下增加北极原住民的经济收益和对北极挑战的适应性,还有利于提升北极原住民在北极开发和北极治理方面的话语权,有利于构建北极可持续发展模式。

第 四 章

北极航道地缘环境空间分析

随着北极升温、北冰洋增暖，北极冰层加速融化，北极航道全面开通逐渐成为可能。北极航道与世界地缘政治格局密切相关，北极航道产生的巨大利益已经逐渐引起多个国家的高度关注。美国、加拿大、俄罗斯以及其他一些北冰洋沿岸国家对于北极航道及北极地缘政治早就高度重视，而日本和韩国，虽然远离北极，但也将北极航线及北极地缘政治问题的研究提到了重要的议事议程。总体而言，北极航道作为北极地区资源运输、经贸往来的重要载体，具备独特的地理优势，重要的地缘特色使其战略价值更加突出。

通航船只在北极航道行驶过程中，不仅受到途经国家海事行政规章的约束，同时也受各国经济发展、军事、文化等多方面因素的间接影响。为确保航行任务的安全顺利进行，除掌握海况、天气等自然条件外，还需了解北冰洋沿岸国家不同海域的航行管理规章、地缘政治和地缘经济等相关信息。目前为止，船舶航行主要通过 GPS、组合导航 NS/IBS 提供导航服务，但是这些导航系统并未关注船只在不同海域内自由航行、进行科学考察等活动是否具备法律依据，也并未关注经过区域所涉及的管辖机构以及相关国家的经济、政治、文化、军事等情况，对这类地缘信息所折射出的航行问题也未直接关注。北极航道船舶航行前的规划、航行过程中航线改变等所需的地缘环境也未与空间信息有效地结合。

在这样的大背景下，开展北极航道地缘环境空间分析研究，将北极航道涉及的区域政治、经济、文化、军事等地缘信息与其空间区位相联系，将各类地缘信息与空间位置相匹配，并对时空格局分布进行分析，对于各国船舶北极航行路线规划、航行过程中的航线改变等工作，具有十分重要的意义。北极航道与地缘环境之间的相互影响需要同时考虑，一方面将北极航道所受多种因素的综合影响与地理空间相联系，从空间可视化角度分析各行为体地缘要素在地理空间的分布，改变过去地缘信息仅用文字表征的形式，有利于北极航行者在航行前和航行中行程突变时直观且综合地考虑航道地缘信息；另一方面，考虑北极航道开通对北极周边地缘环境的影响变化，以通航较多的东北航道为例，采用空间分析方法对其带来的地缘环境影响进行时空格局分析，采用多指标表征多影响要素形式，有利于综合评价北极航道通航程度对地缘环境要素的影响，有助于北极航道关心者和决策者对航道可持续发展的治理做出全面判断。

4.1 地缘环境空间分析的基础架构

根据北极航道地缘信息系统建立的基本逻辑和思路，基于地缘信息分类及其相关影响因素的分析，结合地理信息系统（GIS）功能，开展北极航道地缘信息空间匹配研究，确定基础架构及其匹配流程，如图 4-1 所示。地缘信息匹配在 GIS 中具备灵活简便的地图标定及地图分析等功能，为解决船只北极航行所涉及的国际事务提供定量化、可视化的地缘数据支撑和服务。

这里主要借助 GIS 平台开展地缘信息与地理空间信息匹配，在计算机软硬件支持下，以空间数据库为基础，对空间数据和各个专题的数据进行科学管理和综合分析，为北极相关活动的规划、决定、管理提供地缘信息。具体可分为以下五个部分。

（1）将地缘属性信息分为地缘政治、地缘经济、地缘军事、地缘文化等类别。

（2）按照类别确定空间匹配方法，收集、整合航行过程中涉及国家或地区的多维地缘属性信息数据。

（3）根据各类地缘信息的性质和特征，通过数据分类、管理和特征提取，形成地理信息系统中的相关属性表。

（4）构建基础底图，根据不同类型的地缘特征，分别采用点、线、面的形式将多维属性信息与空间位置相匹配，得到地缘信息图层。

（5）根据各类地缘数据图层，结合北极航道各段影响范围内的缓冲区，为必要的专题图件制作提供空间分析服务，并提供基于空间位置信息的地缘信息浏览、相关法律法规文件下载、船只活动可行性查询等服务。

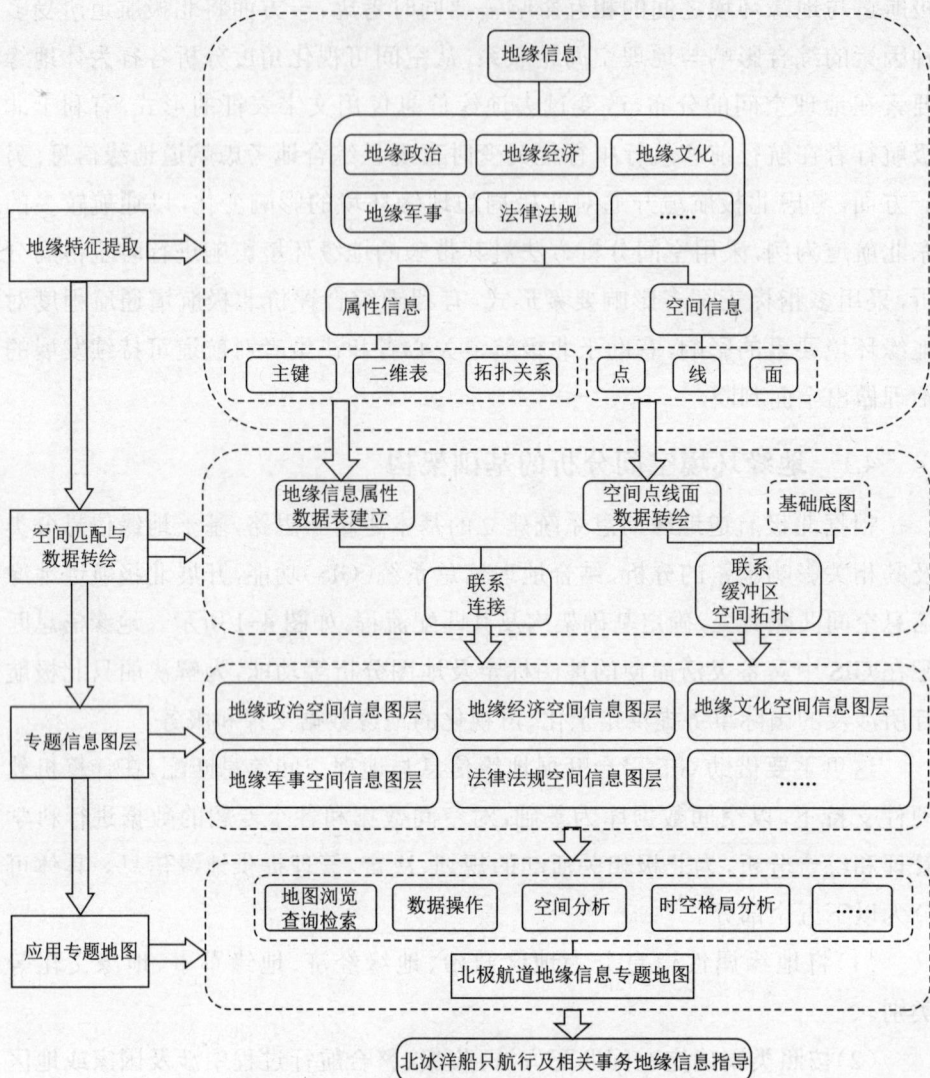

图 4-1　北极航道地缘信息匹配基础架构

4.2　地缘环境特征提取及空间匹配

根据北极航道地缘环境要素分类,结合空间匹配需要开展地缘环境特征提取,主要从地缘政治、地缘经济、地缘军事、地缘文化、地缘法律法规等角度开展分析。北极航道地缘环境要素具有一定的空间属性特征,建立了基本属性与地理位置的联系,特征提取与空间匹配基本方案如表4-1所示。地缘环境空间匹配结果以图层的形式呈现,实现了多维专题数据的空间可视化,即地缘环境要素与地理数据的空间匹配。

表 4-1　地缘信息空间匹配实现基本方案

地缘信息	特征分析	空间匹配
地缘政治	(1)空间上具有 定范围的全球性 (2)具备国家集群或行政区划的区域性 (3)根据时局变化出现的不稳定性	(1)以图层形式进行空间表达 (2)以国家行政区划为基本面图斑 (3)辅以属性信息表的地缘政治描述 (4)根据时局变化定期或适时更新 (5)可根据历次更新数据进行演化分析
地缘经济	(1)空间上以地理为基本要素呈区域性 (2)以国家为单元地理区位的区划性 (3)地理单元经济量的时空分布性 (4)地理单元经济发展的国际关联性	(1)以图层形式进行空间表达 (2)以国家与其次区域行政区划为基本面图斑 (3)以指标作为字段进行属性表存储表达 (4)时间尺度上用属性表关联进行处理
地缘军事	(1)空间上具备国家影响范围的区域性 (2)军事基地具备空间位置的确定性 (3)冰下水下核潜艇等空间不确定性	(1)以图层形式进行空间表达 (2)以国家影响区域为基本面图斑 (3)以军事基地为基本点数据,资料翔实区采用面图斑进行详细的空间表达
地缘文化	(1)以民族文化为主要因素呈区域性 (2)空间上具有稳定性和区域连续性 (3)既有洲际分布又有国家界限特征	(1)以图层形式进行空间表达 (2)以郡、省等次区域为基本面图斑 (3)以地缘文化特征为描述性属性数据
法律法规	(1)空间上具备不确定性 (2)空间信息的整体性和零碎性并存 (3)时空重叠性	(1)以空间图层和属性表形式进行空间表达 (2)以条文中航道影响范围的缓冲区为面图斑 (3)建立索引与属性表数据进行连接

　　北极航道地缘数据的空间匹配与转绘主要针对地缘空间数据和属性数据,以及必要的基础底图数据。空间数据包含点、线、面三种数据形式,一般采取由点到线再到面的方式构成。属性数据是地缘信息特征数据,包含地缘政治、地缘经济、地缘文化、地缘军事和法律法规等。基础底图数据涵盖信息较多,通过建立底图矢量数据库统一管理,主要包含行政区划、北极考察站、海岸线、冰界、河流和北冰洋范围等系列数据。针对北极科考站、沿岸国家重要标志等信息,通过桌面制图工具转绘形成相应的点状矢量数据;针对领海基线、领海外部界限等信息,按照相关连线规则和联系情况转绘形成相应的线状数据;根据相关国家对不同海域以及专属经济区的定义,结合各区域界限,形成相关面状数据。为保证数据投影信息一致,对专题数据和底图数据进行投影转换,均采用极球面投影(Polar Stereographic Projection),标准纬线为北纬 71°。

北极航道地缘信息空间匹配根据分类进行"空间规范化",既可以根据需要制作专题地图,又可以实现基本地图浏览、空间—属性信息联动查询和地缘空间分析等功能,为参与北极事务提供全面的地缘可视化信息平台,可满足北极科考船在航行途中的地缘定位、法律条文查询等需求,同时可为航行提供需要遵守的规则信息、注意事项和相关事件处理流程等,也可为北极科考团队科考准备提供人文经贸、法律法规等地缘信息。地缘空间分析可实现北极航道相关区域内点、线、面独立的分析功能,也可实现区域统计与不同区域之间对比分析的功能,可根据需要进行空间统计分析和空间分析,确定航道地缘信息影响范围与变化趋势,从而指导北极航行、科考、北极事务参与和资源开发利用等事务。

4.2.1　地缘政治特征提取与空间匹配

北极路线地缘政治的动态性和可扩展性决定了其地缘范围不仅仅局限于北极地区。北极航道地缘政治特征提取可从三个维度考虑:一是北极地区,二是航线及其一定影响范围内缓冲区,三是航线延长线区域。北极地区主要有北极五国、环北极八国、巴伦支、欧洲等地缘政治组合。航线及其缓冲区影响范围内涉及各国大陆架和专属经济区等区域,由于北极地区仍然存在划界纠纷,缓冲区内可能涉及环北极国家的划界问题,例如俄罗斯、挪威、丹麦、加拿大等国都曾向大陆架界限委员会提交过200海里外大陆架的权利主张。延长线区域指的是北极航道能够到达的范围,除北极国家管辖范围外,涉及延长线范围的其他地区,自由航行是与北极航道直接相关的北极地缘政治焦点问题。

北极航道的地缘政治格局特征是指各国在航行中地缘政治权利竞争过程中的一种聚合,即每个地缘体被分配到某个群体的布局。一方面,它们反映了北极的地缘政治格局;另一方面,它们关注的是自由航行问题,这是全球海洋权利的焦点。北极航道涉及的地缘政治信息要素不仅包含北冰洋各海域权属属性,也包含沿岸国家的陆域属性。北极航道地缘信息的陆域属性主要是以行政意义上的国家和具备一定北极事务影响力的国际组织为基本单位。例如,具备地理优势的北极国家,以及北极理事会、北极议会人、北欧理事会等。因此,考虑地缘政治要素时,陆域因素以国家为基本单位,可以从环北极八国(A8)、北极五国(A5)、域外国家等三大利益集团进行分析。海域权属涉及的大陆架划界问题,主要是以大陆架划界委员会批准的文件为主要依据,参考北极各国北冰洋外大陆架申请方案,包含领海、毗连区、专属经济区和大陆架等相关要素。

因此,根据北极航道地缘政治特征,须从全球空间的视角来看待北极航道涉及的国家或国家集团之间的相互关系,从全球或者大区域角度进行政治格局的地理信息表达。具体根据属性分类,由不同分类的地缘属性信息确定地缘政治板块,大致包含根据北极航道的利益集团确定的地缘政治图斑和北极航道涉及北极事务的利益集团等。北极航道地缘政治空间匹配采用定量指标的空间表达方式。在这方面,使用了涉及全球治理指标中治理的六个方面的指标,即话语权与问责(Voice and Accountability)、政治稳定与非暴力(Political Stability and Absence of Violence)、政府效率(Government Effectiveness)、监管质量(Regulatory Quality)、法治(Rule of Law)和控制腐败(Control of Corruption),以这些指标与国家相对应,建立空间匹配。

4.2.2　地缘经济特征提取与空间匹配

北极地区的航运经济、贸易经济、资源经济具有鲜明的地缘特征,将其经济利益主体归为三类:一是具备得天独厚地理区位优势的环北极国家;二是辐射影响区域内的北极航道延长线国家,如欧洲与北美洲等地区;三是国内贸易经济与能源出口受航道开通影响较大的传统航线受益国。因此,北极航道开通不仅涉及环北极国家,对外贸易影响较大的各国均涉及相应的地缘经济因素,包括其重要港口、对外贸易量、资源量等,均是地缘经济需考虑的因素。

因此,北极航道地缘经济特征提取主要以这三类区域中的国家为单位进行提取,包含 GDP 和对外贸易量等重要数据,其中,北极国家除以国家为单位外,还可根据北极圈内各国的郡、省等次区域为基本单元进行特征提取,主要以属性表的形式记录,如表 4-2 所示。

表 4-2　地缘经济分类统计方案及其指标信息

区域	国家(地区)	次区域	指标
北欧	挪威	芬马克郡	经济数据:GDP、人均 GDP、GDP 比重、经济密度…… 土地数据:土地面积、土地面积比重……
		诺尔兰郡	
		斯瓦尔巴群岛	
		特罗姆斯郡	

续表

区域	国家（地区）	次区域	指标
北欧	瑞典	北博滕省	产业结构包括第一、二、三产业比重及具体产业比重（国家总数据）
		西博滕省	
	芬兰	拉普兰省	
		奥卢省的凯努区	
		北博滕区	
	冰岛		
	丹麦	格陵兰地区	
俄罗斯	俄罗斯	卡累利亚共和国	人口、经济、劳动力、健康、社会服务……
		摩尔曼斯克州	
		阿尔汉格尔斯克州	
		涅涅茨自治区	
		科米共和国	
		亚马尔－涅涅茨自治区	
		克拉斯诺亚尔斯克边疆区	
		楚科奇自治区	
北美	加拿大	育空领区	
		西北领区	
		努纳武特领区	
	阿拉斯加		

根据北极航道地缘经济信息特征,空间匹配主要采取以国家为基本单元的经济信息空间表达和各国以时间为主线经济指标的属性表达等方式解决,在解决国际关联性时,考虑经济指标为主线的空间分析功能。涉及港口、通航船只数量与吨位等地缘经济信息,主要以点线面相结合的形式,结合实际地理位置,以图斑形式实现其空间表达,这里以各国 GDP 及其增长率为例实现空间匹配。

4.2.3 地缘军事特征提取与空间匹配

北极航道地缘军事涉及的要素主要是各国在北极地区的军事基地和各国实际军事力量与军事装备信息。根据这类信息要素的特征,主要从两个角度整理地缘军事基础信息,一是将军事基地以点为主的位置要素和基本军事信息要素相结合;二是将各国军事力量与国家区域影响范围以面为主的要素相结合。还有以北极国家军事影响范围的缓冲区为主要图斑的空间表达和以军事基地点数据为主线的空间与属性结合信息表达,同时考虑冰上和海上不同的图斑信息对其的影响。

4.2.4　地缘文化特征提取与空间匹配

北极航道地缘文化涉及陆域和海域的相关国家与地区,整体航道涉及内陆区域的地缘文化结构,将区域根据地理和文化分布的区位特征进行划分,属性特征主要来自北极航道相关国家和地区的人文环境数据提取,部分内容根据北极国家及其次区域的基本单元提取相关人文环境指标。地缘文化空间匹配解决方案主要以次区域为影响范围的缓冲区、以民族分布的空间表达和以文化特征与国际关系为主线的空间分析进行表达。分析北极航道涉及不同国家和地区的地缘文化信息,可以帮助舰队有效规避北极航行中的各种民族矛盾,便利航海活动。在世界最北端的北极或北极圈地区居住的是土著居民,因此,他们可以在一定程度上代表地缘文化。在大多数情况下,他们生活在农业的气候限制之外,其中气候梯度决定了极地圈地区的有效边界。地缘文化空间匹配主要基于次区域缓冲区、民族分布,以及对文化特征和国际关系的空间分析。

4.2.5　地缘法律法规特征提取与空间匹配

涉及北极航行的国际法主要由 1982 年《联合国海洋法公约》和国际海事组织的相关规则组成。首先,我们需要根据 1982 年《联合国海洋法公约》确立的海洋划界规则,在地理信息中标识出北冰洋不同法律属性的海域。其次,从内水、领海到专属经济区、公海,再到"用于国际航行的海峡",在不同法律属性的海域内航行权各不相同。因此,我们需要在不同法律属性的海域中标识出相应的航行权。最后,国际海事组织关于航行的一般规则和关于极地航行的特殊规则,内容十分细致复杂,但它们并不区分海域的法律属性。其中,《国际海上人命安全公约》(SOLAS)、1973/1978 年《国际防止船舶造成污染公约》及其 1978 年议定书(MARPOL 73/78)和《海员培训、发证和值班标准国际公约》(STCW)三大公约体系以及 2014 年通过的《极地水域船舶航行国际准则》(Polar Code)(简称《极地守则》)是主要规则。这些国际法的特征根据与地理位置的相关性进行提取,存在必要的间断性和一定的连续性,部分条文解读与特征提取内容见表 4-3。

各沿海国均有涉及北极航行的国内法,也需要在其管辖海域内标出。虽然这些法律均应以该国加入的国际公约为基础,但各国在地理位置、国力以及对外政策等方面存在的诸多差异导致了其在国内法层面选择了不同的治理模式。例如,由于地缘优势以及历史原因,俄罗斯和加拿大对于东北航道和西北航道具有较为强烈的权力控制倾向,其航道治理主要依据《联合国海洋法公约》中的模糊性原则,并通过国内立法进行权力扩张。而挪威、冰岛等国家则立足于相关国际公约,通过制定具体的执行条例管理航道。对该类国内法进行信息解读,并根据其条文中与地理位置有关的表述进行特征提取,必要时按照法律法规条文内容对航道进行分段特征提取,法律法规影响范围数据用面状特征提取。

北极航道法律法规涉及国际法与部分国家国内法,两类法律法规性质和规定不一致,但均需解读法律条文中与地理位置相匹配的规定条款,提取相关特征信息,形成属性表,并与地理坐标建立相应的连接。根据北极航道法律法规信息特征,考虑到属性信息与空间信息结合的一致性,采取解译法律法规条文形成属性表信息,以规定的具体条文为基础切分北极航道,以具体条文影响的缓冲区确定范围,重叠区采用不同图层表述方式等具体措施。

表 4-3　北极航道法律法规特征提取信息示意

类别	法律法规	特征
国际法	《联合国海洋法公约》	内水、领海、专属经济区、公海、"用于国际航行的海峡",在不同法律属性的海域内航行权
	《极地水域船舶航行国际准则》	采取了比 MARPOL 73/78 更加严格的环境保护标准,要求在北极特定水域作业的船舶申请极地船舶证书
国内法	俄罗斯国内法	与地理位置有关的东北航道相关规定: (1)毗邻俄联邦北方沿岸的水域,由内水、领海、毗连区和专属经济区构成(2)东起与美国的海上划界限及其到杰日尼奥夫角的纬线,西至热拉亚角的经线,新地岛东海岸线和马托什金海峡、克拉海峡和尤戈尔海峡西部边线
	加拿大国内法	与地理位置有关的西北航道相关规定: (1)北纬60°、西经141°加拿大内水、领海和专属经济区(2)加拿大与丹麦格陵兰岛之间专属经济区界限

4.3　地缘环境信息时空演变分析

根据上述获取的北极航道地缘多维数据,进行空间格局划分,主要对目标区域的地缘政治格局、地缘经济格局和地缘文化格局等进行分析。主要以国家为基本单元,针对其地缘政治、地缘经济、地缘军事和地缘文化和法律法规监管效率等选取相应的指标进行表征,并根据指标进行空间统计分析,按需制作相应专题地图,并以图像、符号、注记和色彩等形式贮存大量的信息,为极地科考、科研提供地缘基础数据及地缘时空格局分布信息,直观地表示各种制图对象的时空分布特征和相互关系规律。

为了度量与北极航道密切相关的北极国家区域地缘环境的空间分布,通过标准差椭圆(Standard Deviational Ellipse,SDE)的面积变化大小和重心移动距离,分析地缘环境指标在空间上的集中程度和方向差异变化。标准差椭圆方法通过椭圆的空间分布范围和中心、长轴、短轴、方位角等基本参数定量描述相关要素空间分布特征。椭圆中心表示要素空间分布的平均中心,长轴的方向是要素空间分布的主趋势方向,其长度反映要素在主趋势方向上的离散程度,短轴反映要素空间分布的范围,长短轴比值越大,数据呈现的向心力越明显,反之,数据的离散程度越大。方位角是从正北方向顺时针旋转到椭圆长轴的角度,表征要素空间分布的方向。

4.3.1　基于 SDE 的空间格局分析

根据地缘环境信息分类与指标数据特征,选取了政府效率、GDP 增长率、军费支出占比、人类发展指数和法律权利力度指数几个指标分别代表不同的地缘环境类型,做标准差椭圆,结果如表 4-4 所示。政府效率方面,SDE 长短轴和面积都比基准椭圆要小,说明该指标在北极国家中是空间收缩,重心坐标向西南移动,方位角变大,说明北欧国家的政府效率对北极地区拉动作用较强。GDP 增长率指标代表地缘经济指标,空间分布格局整体向北欧国家收缩。军费支出占比扩张明显,重心向西北方向移动,向俄罗斯和加拿大与美国方向扩张,扩张态势非常明显,表明俄美的军事力量在北极地区空间布局较强,这与军事基地站位的密集程度也相吻合。人类发展指数分布格局的标准差椭圆与基础椭圆吻合度较高,重点略向西南方向倾斜,空间布局向美加方向略有收缩。法律权利力度指数的 SDE,向西北方向扩张,扩张程度较明显,但不及军费支出占比的扩张,这与俄罗斯对东北航道由国内法管制和加拿大对西北航道的控制密切相关。

表 4-4　北极地区地缘环境信息空间布局参数

椭圆要素	面积 （平方千米）	长轴 （千米）	短轴 （千米）	长短轴比值	方位角
基准椭圆	200 186 512.016	3 773.209	1 688.972	2.234	115.275
政府效率	163 426 320.947	3 782.735	1 375.420	2.750	119.389
GDP 增长率	167 427 345.964	3 589.995	1 484.697	2.418	118.877
军费支出	271 623 209.304	4 574.179	1 890.424	2.420	105.321
人类发展指数	193 186 609.969	3 763.744	1 634.022	2.303	116.230
法律权利力度指数	225 962 251.439	4 183.335	1 719.609	2.433	112.933

4.3.2　基于 SDE 的时空演变分析

北极地区对外进出口指标分布格局呈现由西向东，由南向北的演化特征，即"西（略偏北）东（略偏南）"的格局。2005—2018 年，根据出口量占 GDP 比重指标的标准差椭圆分布范围由 15 175 261.806 平方千米缩小到 14 131 814.958 平方千米，呈现空间收缩的趋势，通过标准差椭圆可以看出，重心坐标由（22.234°W，73.266°N）移至（21.783°W，72.785°N），且方位角变大，标准差椭圆长轴的伸缩幅度变小，表明推动北极地区出口量的主要收缩力量为东西向，而非南北向，说明俄罗斯、加拿大对出口的收拢作用使椭圆整体收缩。从北极国家进口量占 GDP 比重的 SDE 可以看出，2005—2015 年，向西南方向收缩，其中，2010—2015 年保持相对稳定状态，略微向西北方向收缩，2015—2018 年，略微向东北方向扩张，扩张面积为 236 303.154 平方千米，但 2005—2018 年整体处于向西南方向的收缩状态。进出口总额占 GDP 比重的 SDE 在 2005—2018 年，整体向西南方向收缩，尤其是 2010—2015 年这种趋势比较明显。将 2018 年的进口量占 GDP 比重、出口量占 GDP 比重、进出口总量占 GDP 比重的 SDE 比较来看，出口量比进口量的 SDE 长轴要长，短轴要短，出口量向东西方向拉伸，南北方向收缩，说明出口量向北欧与加美方向拉伸。总体趋势说明，随着北极航道开通，北极国家国际贸易占 GDP 份额的空间布局呈现向北欧国家和加美方向收缩状态，也就是北极航道增加了北欧国家对外贸易在国家经济中的贡献值。

根据 SDE 分析东北亚地区进出口贸易空间分布情况，呈现西北－东南方向的分布特征。根据出口量占 GDP 比重指标的标准差椭圆呈现先扩张后收缩的状态，方位角逐渐变小，整体向东南方向趋近。东北亚国家进口量占

GDP 比重空间布局总体呈现向东南方向逼近的趋势,2005—2015 年呈现扩张趋势,椭圆面积和长轴逐渐变长,短轴逐渐变短,扁率逐渐升高,2018 年呈现略微收缩的趋势,但是方位角依然在变小,整体向东南方向的趋势一直保持。进出口总额占 GDP 比重空间分布趋势在 2005—2015 期间,也向东南方向扩张,2015—2018 年呈收缩状态,方位角逐渐变小,扁率逐渐升高。出口量占 GDP 比重相对进口量占 GDP 份额来讲,规模略小,但更向中日韩方向趋近。东北亚地区对外贸易对国家的贡献整体向东南扩张的趋势说明,随着近年北极航道开通,东北亚各国出口量对本国经济的增长作用明显,中国和日本的趋势相对明显。

第五章

北极航道地缘位势模型构建与分析

　　北极海冰的融化,会掀起新一轮探索北极航道的热潮,其至关重要的战略和航运价值会吸引越来越多的国家加入其利益争夺的行列中,致使北极航道地缘政治关系日趋纷繁复杂,各国之间存在着既合作又竞争的关系。因此,国内外学者针对北极航道开展了地缘政治的理论与格局研究。现存的地缘政治理论与思想更多强调硬实力的决定性作用,这种只强调某一方面力量的地缘政治理论不能清晰地描述北极航道的政治地理格局。中国学者李振福提出了北极航线政治理论的四大假设前提,为建立北极航线地缘政治理论体系奠定基础。同时,采用人工鱼群模糊聚类和能量地形仿真等定量方法分析了北极航道的地缘政治格局,判断了格局的演变趋势,提出北极航线的地缘范围不应局限在地理上的相邻,而应沿北极航线的延长线延伸,北极航线问题的国际化要求承认北极的"公土"性质,把北极和北极航线问题作为全球性事务来解决,探讨了北极航线地缘政治的规范博弈机制,分析了元规范、成员身份、支配、国际社会认同、威慑、内化和法律等规范博弈的七大支撑机制,并进行了地缘安全格局演变和安全指数的测算。另外,还有学者针对北极航道地缘经济进行定量评价,判断北极航道开通将引致的航运利益、贸易利益、资源利益等三方面地缘经济利益,分析得出地缘经济利益获得最多的国家有俄罗斯、美国、中国、日本等国,地缘经济利益最小的是传统航线受益国,德国、韩国、英国、法国、意大利等国与环北极国家挪威、芬兰、瑞典、冰岛、加拿大、丹麦等实际可获地缘经济利益差距不大,西班牙、印度、新加坡获益能力相对较弱。根据地缘格局的凝聚子群分析结果,北极航道经济圈国家之间的贸易关系将更加紧密,国家间的贸易仍受地缘因素影响,且中国核心度逐年上升。

　　综上所述,世界范围内关于北极航道地缘因素影响的探索已经开展了相当长时间,虽然定性方法与定量方法兼具,但多以定性方法和描述性方法为主,且多围绕地缘政治或地缘经济以单因素分析展开,并未综合考虑各国军事、文化、科技、航道运行与使用能力等多方面因素。对于各行为体互相制衡、动态博弈的北极地区而言,行为体在北极航道获取利益的实力是多方因素力量均衡的结果,仅做单因素分析,无法全面衡量北极航道的地缘环境影响,因此目前关于北极航道地缘环境的研究缺少一个系统全面且可量化的多因素评价体系和评价模型。"地缘位势"模型可以在综合考虑多因素影响的情况下开展地缘环境综合评价,以分析周围其他所有地方对该固定地点施加的总影响,且已有一定程度的应用。有学者基于主导性和可操作性原则,结合权力理论,构建了国家地缘位势的指标体系,从硬实力、软实力、相互依赖力三个维度,计算中国在巴基斯坦的地缘位势,以服务于中国对巴基斯坦的投资策略研究。王惠文等以中国—中亚为例利用地缘位势模型探讨地缘关系的变化并尝试解释其规律性影响因素,但针对北极航道的地缘位势模型的应用尚未有所提及。

　　北极航道地缘环境的影响不仅跟航道位置相关,也与各国的政治、经济等多种因素相关。因此,怎样综合考虑地缘环境要素?怎样用定量方法评价相关国家北极航道地缘环境特征?怎样据此分析北极航道的地缘格局?这些问题的解决是当前研究的主旨所在。鉴于此,本章梳理了研究思路和过程,如图 5-1 所示。

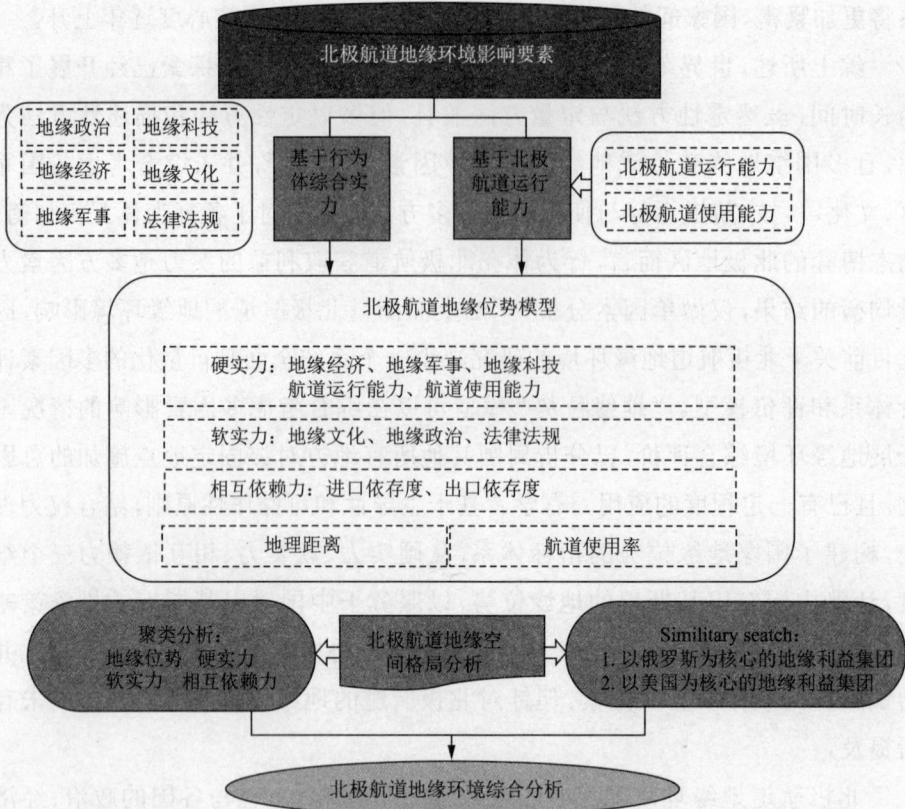

图 5-1 北极航道地缘环境定量评价与空间格局分析流程

　　根据北极航道地缘环境影响要素,从基于行为体综合实力和基于北极航道运行能力两个角度,分别选择地缘政治、地缘经济、地缘军事、地缘科技、地缘文化、法律法规和北极航道运行与使用能力分析影响要素,基于多源数据构建了地缘环境指标体系,并根据硬实力、软实力、相互依赖力分类,构建地缘位势模型。鉴于北极三条航道的使用率和数据有效性与可获取性,选取东北航道为示范,定量评价各利益主体获得东北航道地缘利益的能力,并将定量分析与空间格局分析相结合,综合考虑多方因素,对北极地区的空间格局进行探讨,弥补当前针对北极航道地缘环境分析只考虑单因素的不足,并解决定量化评价与空间分析有机结合的综合问题。

5.1 地缘环境要素指标体系构建

5.1.1 基于行为体综合实力的地缘环境指标提取

目前世界范围内关于北极航道的开发与治理主要以国家为单位展开,随着北极地区战略地位的不断提升,北极各国和沿线受益国家纷纷加快参与北极治理的步伐,维护在北极地区的可获利益。因此,考虑到当下北极地区的格局,我们以北极航道问题中最重要的行为体,即北极国家和沿线受益国作为研究对象,针对北极航道地缘环境影响要素,分析其特征和表达方式,采用指标数据、空间数据与文本内容相结合的方式,从地缘政治、地缘经济、地缘科技、地缘文化、地缘军事等多维度进行分析与管理,包括定量的指标数据和定性的描述性指标数据。

（一）地缘经济指标提取

地缘经济是基于地理区位、资源禀赋、经济结构等因素所形成的国家或地区之间合作、联合或者竞争、对立乃至遏制等的经济关系。通过选取 GDP、GDP 增长率（年百分比）和进口依存度（进口贸易额占国内生产总值的比例）、出口依存度（出口贸易额占国内生产总值的比例）四个指标来衡量一国的地缘经济水平。其中,GDP 是衡量一国经济状况的总量指标,GDP 增长率是描述一国经济发展状况的发展性指标。此外,考虑到全球化和北极地区各国间互相博弈的国际形势,利用进出口依存度来反映各行为体在经贸往来上的相互依赖力和国际贸易状况,以上数据主要来源于世界银行。

（二）地缘军事指标提取

北极航道开通使通过北冰洋进行的军力投送和军事行动更加便利化与多样化,各国都承诺在该地区的行动会遵守国际法基本原则,以确保北极的和平与稳定。考虑到数据的可量化性,地缘军事定量指标通过采用军费支出（占 GDP 的百分比）这一数值化指标间接衡量一国与北极航道治理的地缘军事水平,数据来源于世界银行。

（三）地缘科技指标提取

地缘科技主要研究国际体系结构中,科技与国际政治和世界经济的关系,是对地缘政治和地缘经济的进一步发展,突出了科技实力在综合国力和国家间竞争中的重要地位和作用。通过采用专利申请数量和 R&D 研究人员（每百万人）两个数值化指标来衡量一国的地缘科技水平,是一国硬实力的体现。其中,采用专利申请数量衡量一国的科技产出水平,R&D 研究人员通过衡量一国内参与新知识、新产品、新流程、新方法等创造的专业人员以反映一国的从事科技创造的人才资源的丰富程度,数据均来源于世界银行。

（四）地缘文化指标提取

地缘文化一般是根据各种地理要素和政治格局的地域形式分析与预测世界或地区范围的战略形势及有关国家政治行为的文化表现状态。基于广义的地缘文化概念，选取教育公共开支总额占 GDP 的比例和高等院校入学率两个数值化指标来衡量一国在历史发展过程中的文化建设力度和所达到的文化水平，是一国软实力的体现。其中，教育公共开支总额占 GDP 的比例反映一国在居民教育方面的投入力度，高等院校入学率反映一国的文化教育产出水平，数据来源于世界银行。

（五）地缘政治指标提取

地缘政治是一种以地理因素作为国家政治行为的决定性因素的理论，主要根据国家的各种地理要素和国际政治格局的地理形式，分析和预测国际形势和国家行为，准确把握地缘政治的合理内涵是实现国家政治利益的重要前提。地缘位势指标体系选择中，引入全球治理指标政府效率、政治稳定与非暴力、话语权与问责三个数值化指标以衡量一国的地缘政治能力。其中，政府效率反映了公共服务质量、公务员质量及对政治压力的独立程度、政策制定和实施的质量，以及政府对此类政策的承诺的信誉度的看法；政治稳定与和非暴力衡量的是人民对包括恐怖主义在内的政治不稳定，和出于政治动机的暴力的可能性的看法；话语权与问责反映了人民对一个国家公民能参与政治选举的程度以及言论自由、结社自由和自由媒体的看法。

（六）地缘法律法规相关指标提取

北极航道的使用必须遵守相应的法律规则。各沿海国均有涉及北极航行的国内法，虽然这些法律均以该国加入的国际公约为基础，但各国在地理位置、综合国力以及对外政策等方面存在的诸多差异导致了其在国内法层面有着不同的治理模式。例如，由于地缘优势以及历史原因，俄罗斯和加拿大对于东北航道和西北航道具有较为强烈的权力控制倾向，其航道治理主要遵循了《联合国海洋法公约》中的模糊性原则通过国内立法进行权力扩张。而挪威、冰岛等国家则立足于相关国际公约，通过制定具体的执行条例管理航道，鉴于法律法规执行能力的量化性，采取法律力度指数、法治完善程度两个数值化指标来进行表征一国的法制能力，这也是世界银行衡量全球治理水平的重要标准，通过对法制水平的衡量可以判断出一国的政治和经济环境，并将影响投资行为和决策。数据来自世界银行及 WGI 数据库。

5.1.2　基于北极航道运行能力的地缘环境指标提取

一国在北极地区的获益潜力不是单因素能够决定的，而是由一国的地缘政治、经济、军事、文化、科技等综合实力衡量，聚焦到北极航道来看，一国在北极航道的航行需求和实际使用能力也至关重要。因此，在结合北极航道使用和运行方面衡量一国地缘实力的综合性地缘环境要素的基础上，从北极航道运行能力和航道使用能力两个角度对行为体的航行需求和使用北极航道的能力进行定量刻画。以破冰船数量、货柜码头吞吐量、港口基础设施质量三个数值化指标来反映一国的航道和航行硬件设施的建设情况，进一步评估一国的航道运行能力，采用年均使用航道次数和使用航道运载货物量两个指标来反映一国的航道使用状况和航行需求量，数据来源于 Northern Sea Route Information Office 统计数据和世界银行。

5.2　地缘位势模型构建与测算分析

因北极航道中的东北航道通航应用相对较广，航行数据较丰富，西北航道和中央航道应用较少，基于此，选取东北航道作为北极航道应用示例，选取跨境数据较为齐全的 18 个国家作为研究对象，构建东北航道地缘环境影响综合评价指标体系和地缘位势模型。

"地缘位势"即国家权力在不同地区空间分布的大小，既包含国家领土范围内的地区，还包括国家领土范围外的地区。在一国领土范围内，军事实力的空间布局、经济发展不平衡，地区地形复杂程度、交通便利度等都将影响到国家内部地缘位势的差异。在领土范围外，地缘位势的差异来自该国硬实力、软实力和相互依赖力形成的经济势差以及领土距离等。

借鉴物理学"位势"概念和国际关系学"地缘重心论"等理论可构建地缘位势模型。基于地缘位势相关理论，借鉴相关研究成果，构建北极航道地缘位势评价指标体系，该体系主要由硬实力、软实力、相互依赖力组成，其中硬实力包括地缘经济、地缘军事、地缘科技、航道运行能力、航道使用能力 5 个一级指标，包含 10 个二级指标；软实力包括地缘文化、法律法规、地缘政治 3 个一级指标，包含 7 个二级指标；相互依赖力用相互依存度 1 个一级指标来衡量，包含 2 个二级指标，并采用标准差法为地缘位势评价指标赋权重，结果如表 5-1 所示。

表 5-1　地缘位势模型指标体系及其权重

评价项	权重	一级指标	权重	二级指标	权重
硬实力	0.631	地缘经济	0.182	GDP	0.091
				GDP 增长率	0.042
		地缘军事	0.075	军费支出占 GDP 比重	0.027
		地缘科技	0.252	专利申请量	0.114
				R&D 研究人员每百万人	0.025
		航道运行能力	0.230	货柜码头吞吐量	0.116
				港口基础设施质量	0.008
				破冰船数量	0.160
		航道使用能力	0.261	年均使用航道次数	0.112
				使用航道运载货物量	0.119
软实力	0.118	地缘文化	0.298	教育公共开支总额占 GDP 比例	0.017
				高等院校入学率占总人数的百分比	0.019
		地缘政治	0.393	政府效率	0.027
				政治稳定程度与非暴乱	0.010
				话语权与责任	0.019
		法律法规	0.309	法律权利力度指数	0.019
				法治完善程度	0.020
相互依赖力	0.251	相互依存度		进口依存度	0.028
				出口依存度	0.028

构建北极航道(以东北航道为例)地缘位势的计算公式如下:

$$P_i = \sum_{j}^{n} \alpha_j M_j / (\beta_i d_i)^2 \qquad (5-1)$$

式(5-1)中,P_i 代表某国在地区 i 的地缘位势;α_j 代表每个权力指标的权重;M_j 代表硬实力、软实力、相互依赖力等权力;d_i 代表距离,反映各国的地理区位,地理区位主要是指各利益主体与北极航道的远近关系,考虑到各国与航道距离的特殊性表达,这里对东北航道影响国家按区域进行分类,其中,东南亚五国的距离(d_i)采用各自港口到符拉迪沃斯托克港口的距离最小值,北欧国家的距离(d_i)采用各自港口到摩尔曼斯克港口的距离最小值,加拿大和美国的距离采用其港口到俄罗斯最近港口的距离。

根据标准差赋权得出的权重结果可得某国硬实力 H_j 主要由地缘经济、地缘军事、地缘科技、航道运行能力、航道使用能力五个一级指标组成,对一级指标赋予不同的权重,即:

$$H_j=0.182A_{1j}+0.075A_{2j}+0.252A_{3j}+0.230A_{4j}+0.261A_{5j} \tag{5-2}$$

式(5-2)中,A_{1j} 代表地缘经济,A_{2j} 代表地缘军事,A_{3j} 代表地缘科技,A_{4j} 代表航道运行能力,A_{5j} 代表航道使用能力。

软实力 S_j 主要由地缘文化、地缘政治、法律法规三个一级指标组成,对一级指标赋予不同的权重指数,即:

$$S_j=0.298B_{1j}+0.393B_{2j}+0.309B_{3j} \tag{5-3}$$

式(5-3)中,B_{1j} 代表地缘文化,B_{2j} 代表地缘政治,B_{3j} 代表法律法规。

相互依赖力 M_j 的大小与贸易依存度有关。贸易依存度主要由进口依存度 I_j 和出口依存度 E_j 组成,对 I_j 和 E_j 赋予不同的权重指数,即:

$$M_j=0.028I_{1j}+0.028E_{2j} \tag{5-4}$$

式(5-4)中,I_{1j} 代表进口依存度,E_{2j} 代表出口依存度。

采用式(5-1)对各国地缘位势得分进行测算,各国得分相差悬殊,距离较近的国家地缘位势得分均显著高于距离较远的国家,说明现有地缘位势公式在北极航道的应用中放大了距离的影响,造成各国分母数量级差距过大,从而使得距离航道较短的俄罗斯、挪威两国的最终得分显著高于其余各国。因此,我们对该公式进行改进,剔除衰减因子的扩大影响,得到式(5-5):

$$P_i=\sum_{j}^{n}\alpha_j M_j/d_i^2 \tag{5-5}$$

采用式(5-5)重新测算,各国地缘位势得分的差距有一定程度的缩小,说明对距离的放大作用有一定的减弱。另外,针对北极航道海路运输的特点,一般认为一国在北极航道获取利益的实力与其对北极航道的使用程度密切相关,具体来说,航道使用越频繁,则该行为体在北极航道获取利益的可能性就越大,实力就越强。因此,在式(5-5)的基础上,我们又引入航道使用率这一变量,用 r_i 表示(采用各国航道使用占比来度量),得到式(5-6):

$$P_i=r_i\sum_{j}^{n}\alpha_j M_j/d_i^2 \tag{5-6}$$

根据构建的北极航道地缘环境评价指标体系和东北航道地缘位势模型,

对指标数据预处理,采用公式(5-6)进行测算,此时认为各国地缘位势得分差距在合理区间内,如表5-2,且考虑到航道使用程度这一指标的显著性,认为该结果是合理的,由此展开进一步分析。值得一提的是,该结果使北极和非北极各国得分均呈现较为明显的四个梯次,如表5-2所示。

表5-2　各国地缘位势得分

北极国家	硬实力	软实力	相互依赖力	实力得分	地缘位势	非北极国家	硬实力	软实力	相互依赖力	实力得分	地缘位势
俄罗斯	0.241	0.037	0.032	0.165	3570.110	中国	0.232	0.031	0.023	0.156	29.915
挪威	0.038	0.067	0.047	0.044	46.239	韩国	0.039	0.060	0.050	0.044	3.813
美国	0.145	0.069	0.017	0.104	16.491	日本	0.038	0.048	0.024	0.036	1.254
瑞典	0.020	0.073	0.059	0.036	2.706	德国	0.032	0.060	0.058	0.042	0.490
芬兰	0.053	0.066	0.052	0.054	2.257	波兰	0.010	0.046	0.070	0.029	0.098
丹麦	0.021	0.070	0.069	0.039	0.443	荷兰	0.018	0.055	0.101	0.043	0.093
加拿大	0.044	0.068	0.043	0.047	0.167	英国	0.016	0.062	0.042	0.028	0.088
冰岛	0.007	0.062	0.056	0.026	0.069	法国	0.013	0.056	0.042	0.025	0.040
						越南	0.017	0.033	0.138	0.050	0.031
						泰国	0.014	0.038	0.072	0.031	0.021

5.3　地缘位势得分结果分析

5.3.1　东北航道地缘位势得分综合分析

总体来看,北极国家东北航道的地缘位势优于非北极国家。根据八个北极国家地缘位势得分,可分为四个梯次:第一梯次只有俄罗斯一个国家,地缘位势得分为3 570.110,遥遥领先于其他国家;第二梯次有两个国家,为挪威和美国,地缘位势得分分别为46.239和16.491;位于第三梯次的是欧洲国家瑞典和芬兰,得分分别为2.706、2.257;第四梯次为丹麦、加拿大和冰岛。非北极国家地缘位势也分为四个梯次:第一梯次为中国,得分29.915,与俄罗斯差距较大;第二梯次也有两个国家,为亚洲的韩国和日本,得分分别为3.813和1.254;第三梯次国家为德国,得分为0.490;第四梯次为欧洲的波兰、荷兰、英国、法国和亚洲的越南、泰国,地缘位势得分均在 1 以下。从东北航道地缘位势定量分析总体来看,北极国家比非北极国家具有越级一个梯次的优势:北极国家第一梯次的俄罗斯,在东北航道的地缘位势远远领先于其他国家,而北极国家的第二梯次得分与非北极国家的第一梯次得分均在 10 ~ 50 区间,北极第三梯次国家与非北极第二梯次国家得分在 1 ~ 10 区间范围内,北极第四梯次国家得分与非北极第三梯次国家得分区间相当。

具体来看,俄罗斯地缘位势得分最高,约为挪威的 77 倍,具有显著优势。硬实力方面,俄罗斯军费支出占 GDP 比重位列第一,地缘军事方面优势显著,是大多数国家的 2 ~ 3 倍,其破冰船数量位列第一,约为第二名加拿大的 4.4 倍,年均航道使用次数达到 41 次,约为第二名中国的 4 倍,航道运行与使用能力最强,这均对俄罗斯的硬实力得分位居第一有很大的贡献。另外,东北航道航行海域距离俄罗斯最近也是地缘位势领先的主要原因。

北极国家第二梯次的挪威、美国和非北极国家第一梯次的中国,地缘位势在同一区间范围内,由此可见,东北航道两端不仅连接着欧洲和亚洲,也同时联通了美洲。三大洲的代表性国家与其他国家相比具有明显优势。挪威的综合实力得分在 18 个国家中位列第 7,但其距离优势显著,对其地缘位势有相当的贡献。中国和美国地缘经济和地缘科技优势显著,其中,GDP 在 18 个国家中分别位列第二、第一,专利申请量和货柜码头吞吐量也居于前二,硬实力优势使两国地缘位势得分较高。

另外,北极国家第三、四梯次和非北极国家第二、三、四梯次国家的东北航道地缘位势在大洲层面的空间格局上具有一定的均匀分布性。

5.3.2 东北航道欧洲各国地缘位势分析

对欧洲各国的地缘位势得分进行分析,结果呈现明显的三级梯次分布:挪威为第一梯次,显著高于其他欧洲国家;瑞典和芬兰为第二梯次,德国、丹麦、波兰、荷兰、英国、冰岛和法国为第三梯次。结合地缘位势一级指标来看,挪威的综合实力得分位居第二,但地缘位势得分明显高于其他欧洲国家,这是由于在欧洲十国中挪威的港口到摩尔曼斯克港口的距离最近,相比其他国家优势显著,距离上的优势使得其地缘位势得分较高。

分析欧洲各国综合实力得分,如图 5-2 所示,可以看到,芬兰的权力总得分最高,较其他各国有明显优势;挪威、荷兰、德国、丹麦和瑞典的权力总得分较高,且差距不大;波兰、英国、冰岛和法国的权力总得分较低。

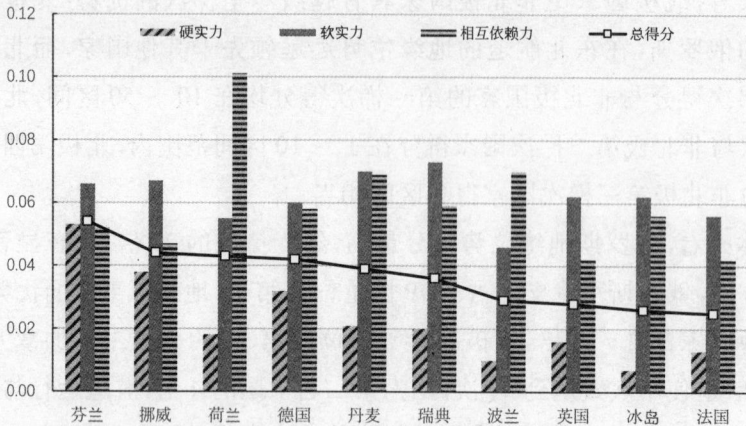

图 5-2   东北航道欧洲各国地缘位势模型分项实力得分

从三个实力评价项来看,硬实力方面,除芬兰、挪威、德国明显较高外,其余各国得分差距不大。芬兰得益于各项指标得分均较高,航道运行能力和使用能力表现突出,加上硬实力在权力总得分中的比重较大,使其综合实力得分最高;软实力方面,除波兰得分明显较低外,其余各国得分差距不大,这是由于荷兰的法律权利力度和法治完善程度均为欧洲国家最低,且存在明显差距;相互依赖力方面,荷兰得分尤其高,其进出口依存度明显高于其他欧洲国家,反映其进出口贸易的活跃,而挪威、英国、法国得分较低,其余各国差距不大。

5.3.3   东北航道亚洲各国地缘位势分析

亚洲各国的东北航道地缘位势得分与欧洲各国相似,同样呈现明显的三级梯次分布:中国为第一梯次,显著高于其他亚洲国家;韩国和日本为第二梯次;越南和泰国为第三梯次。根据亚洲各国东北航道综合实力得分,中国显著高于其余四个亚洲国家,如图 5-3 所示,其综合实力的显著优势起到决定性作用,其余四国实力得分差距不大。从三个评价项来看,硬实力方面,中国得分(0.232)显著高于其余四国,是韩国(0.039)和日本(0.038)的 6 倍左右,是越南(0.017)的 13 倍以上,是泰国(0.014)的 16 倍以上。主要原因有二:第一是中国 GDP 优势使地缘经济得分远高于其他亚洲国家;第二是中国使用航道运载货物量和年均使用航道次数优势使其航道使用能力得分明显高于其他亚洲国家。软实力方面,韩国最高,日本最低,国家间差距不大,韩国地缘文化得分最高,日本的政府效率、政治稳定程度与非暴乱、话语权与责任优势使其地缘政治得分为亚洲国家最高;相互依赖力方面,越南较高的进出口依存度使其该指标得分较高,反映出进出口贸易对越南的重要性。日本和中国的相互依赖力得分较低,是由于其国内生产总值体量较大但对进出口贸易的依赖程度没有越南强烈。

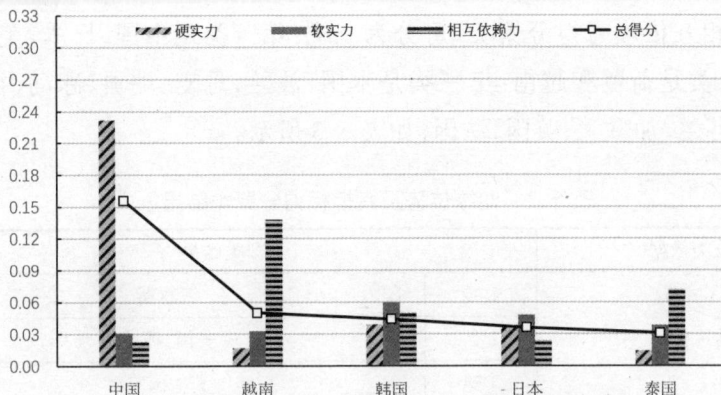

图 5-3　东北航道亚洲各国地缘位势分项实力得分

5.4　北极航道地缘环境空间格局分析

5.4.1　基于聚类的空间格局分析

　　根据地缘位势得分进行聚类分析,因俄罗斯得分过高,只能分为两类:一类是俄罗斯,另一类是其他国家。俄罗斯不参与聚类测算时,其他国家聚类结果可分为两类,一类是美国和挪威,另一类是其他 15 个国家。因此,根据地缘位势测算结果分类,可以大致分为三类:第一类是俄罗斯,第二类是美国、挪威,第三类是其他 15 个国家,如表 5-3 所示。

　　综合聚类分析硬实力、软实力和相互依赖力,与只根据硬实力聚类得到的结果一致,也是分为三类:第一类是美国,第二类是俄罗斯、中国,第三类是其他 15 个国家,如表 5-3 所示。美国作为世界强国,在地缘经济、地缘军事和地缘科技三方面都处于领先地位,但对东北航道的使用能力有待提高,具体表现为使用航道运载货物量和年均使用航道次数均与中国和俄罗斯有较大差距,因此其硬实力总得分排名第三。相比之下俄罗斯和中国在东北航道的运行与使用方面,与其他国家相比存在破冰船资源丰富、航道使用频率高、运载货物量大等优势,尤其是俄罗斯,2020 年航道使用次数达 41 次,占 18 个国家航道使用总次数的 50%,足以看出其对北极航道的利用程度之高。

根据软实力指标得分聚类,可分为四类:第一类是俄罗斯、中国、泰国、越南;第二类是波兰,第三类是日本;第四类是荷兰、美国、瑞士、加拿大、法国、韩国、英国、德国、冰岛、丹麦、挪威、芬兰,如表 5-3 所示。结合软实力得分来看,18 个国家的软实力得分相差不大,从分指标来看,一类国家地缘政治得分均居于末四位,劣势明显。

根据相互依赖力得分聚类,可分为三类:第一类是中国、日本、美国和俄罗斯;第二类是荷兰和越南;第三类是泰国、波兰、丹麦、瑞典、冰岛、德国、挪威、韩国、芬兰、加拿大、英国、法国,如表 5-3 所示。

表 5-3　地缘位势及其指标得分聚类结果

分类依据	分类结果	
地缘位势	1 类	俄罗斯
	2 类	美国、挪威
	3 类	其他国家
硬实力、软实力和相互依赖力的综合得分(不考虑距离):3 类	1 类	美国
	2 类	俄罗斯、中国
	3 类	其他国家
硬实力:3 类	1 类	美国
	2 类	俄罗斯、中国
	3 类	其他国家
软实力:4 类	1 类	俄罗斯、中国、泰国、越南
	2 类	波兰
	3 类	日本
	4 类	荷兰、美国、瑞士、加拿大、法国、韩国、英国、德国、冰岛、丹麦、挪威、芬兰
相互依赖力:3 类	1 类	俄罗斯、美国、日本、中国
	2 类	荷兰、越南
	3 类	泰国、波兰、丹麦、瑞典、冰岛、德国、挪威、韩国、芬兰、加拿大、英国、法国

5.4.2　基于 Similarity 的空间格局分析

根据上述聚类结果,用地缘位势得分聚类分析可以得出东北航道的重要行为体之一为俄罗斯。当俄罗斯不参与聚类时,可以得到北极地区另一重要行为体,这类行为体为美国。聚类分析结果与北极地区当前局势一致,但参与测算分析的亚洲国家和欧洲国家不能简单地归为两大实力集团。因此,这里根据聚类结果的两个参照国(俄罗斯和美国)开展相似性分析,采用 ArcGIS 软件中的 Similarity Search 工具,分别以俄罗斯和美国为 Match Feature,根据地缘位势为属性值做 Similarity Search 分析,得到相似性分析结果如表 5-4。

表 5-4　相似性分析结果

地缘位势 (Russia)			地缘位势 (USA)		
Similarity Rank	Country	SSVD	Similarity Rank	Country	SSVD
1	Norway	27.169	1	China	6.135
2	China	34.510	2	Finland	6.311
3	Finland	34.838	3	Norway	6.672
4	Sweden	35.191	4	Sweden	6.888
5	South Korea	35.340	5	South Korea	7.007
6	Japan	35.497	6	Japan	7.712
7	Canada	35.693	7	Denmark	8.256
8	Denmark	35.698	8	Germany	8.266
9	Germany	35.708	9	Canada	8.296
10	Poland	35.722	10	Poland	8.367
11	Netherlands	35.724	11	Netherlands	8.371
12	United Kingdom	35.726	12	United Kingdom	8.377
13	Iceland	35.734	13	Iceland	8.396
14	France	35.746	14	France	8.426
15	Vietnam	35.750	15	Vietnam	8.435
16	Thailand	35.758	16	Thailand	8.454

注:SSVD (Sum Squared Value Differences)

结合相似性分析结果来看,以俄罗斯与以美国为代表的地缘利益集团相似性得分排名十分接近,结合地缘位势模型其他变量发现,相似性排名与各国与东北航道的距离排名高度接近。地缘位势衡量的是行为体在东北航道的获益潜力,其中地理距离是一个十分重要的因素,距离东北航道较近则就意味着其利用东北航道更具便利性,东北航道开通所带来的经济、政治等利益也会最先直接辐射到其距离较近的周边地区。但也有例外,如中国在与东北航道的距离升序排名中排名第八,但在以俄罗斯和美国为 Match Feature 的相似性得分排名中分别位列第二和第一,主要由于中国大部分权力指标与美国和俄罗斯比较相近,且中国作为一个发展中的强国,其在国际格局中的地位也十分重要,因此,综合作用下,即便其距离不占优势,中国相似性得分排名仍然较为靠前。

5.4.3 东北航道地缘属性分析

根据 Similarity Search 分析结果,各国与俄罗斯的 SSVD 为 27 ~ 36,与美国的 SSVD 为 6 ~ 9,二者差距较大。主要是因为针对东北航道,俄罗斯占据绝对的地缘优势,对东北航道的开发利用程度远超其他国家,其管辖主张也与其他国家存在一定分歧。而各国与美国的 SSVD 较小,也与各国对东北航道的使用程度与美国的差距不大,管辖主张也与美国"坚持自由航行"的主张有一定的相似性或者存在一定的中立性有关。

Similarity Rank 值与俄罗斯最为相似的国家是挪威,二者地缘位势具备相当的相似性,这与二者重点产业的相似性也有关,二者均为全球主要的天然气和石油出口国,从 2010 年两国签署《俄罗斯与挪威关于在巴伦支海和北冰洋的海域划界与合作条约》可以看出,二者开始在北极战略方面走向合作。与俄罗斯第二相似的国家是中国,从地缘环境要素来看,二者各项指标差距较小,硬实力、软实力和相互依赖力得分比较接近,尤其是硬实力得分,俄罗斯和中国分别位列第一名和第二名。与俄罗斯第三相似的国家是芬兰,二者的联系主要建立在经济基础上,尤其是在对外贸易方面,芬兰是俄罗斯重要的出口市场。同时,芬兰也是除挪威和美国外与东北航道地缘距离最近的国家,这也是芬兰与俄罗斯相似性较高的原因之一。

Similarity Rank 值与美国最为相似的国家是中国。从地缘环境要素来看,中美两国地缘经济水平最为接近,且两国在北极地区的研究和治理方面一直保持着常态化交流。与美国第二相似的国家是芬兰,两国的破冰船数量、港口基础设施质量、高等院校入学率指标均比较接近,且两国进出口贸易联系密切。与美国第三相似的国家是挪威,二者软实力得分比较接近,两国同属北约,又是盟国,存在一定的政治互信。与美国第四相似的国家是瑞典,二者的地缘政治和地缘文化的各项指标均比较接近,软实力水平相差无几,距离方面也存在一定优势。

日韩两国在与俄美的 Similarity Search 分析排名中,未有变化,分别排在第 5、6 位,排在后面位置的其他国家排名变化也不大,这主要是因为在东北航道的地缘相似性分析中,这些国家对东北航道的开发利用和关注度并不是很高,相似性与其地缘位势排名也具有一定的一致性。

5.4.4　东北航道地缘空间格局与航行主张

基于地缘位势模型的量化分析和空间格局分析可以发现,俄罗斯在东北航道开发利用的实力远远大于其他国家,这与实际也相符。俄罗斯作为拥有北冰洋最长海岸线的环北极国家,将东北航道建设作为其北极战略的重点内容之一。另外,俄罗斯在北极的运输和贸易活动对东北航道具有依赖性。

美国具备一定的东北航道地缘位势优势。作为北极地区第二大关键行为体,美国在北极地区拥有北极国家和霸权国家的双重身份,它坚持自由航行理念,认为北极航道是国际航道,各国均有权"过境通行",所有船只都有无害通过两端连接公海的用于国际航行的海峡的权利,这种权利不应受到阻碍。美国以北极航道属国际化资源为出发点,以他国船舶有自由航行权利为主张,代表全人类利益,开展国际交流与合作,或将联络丹麦、挪威等北极国家利用自身北极理事会成员和北冰洋沿岸港口优势,共同开发利用北极航道资源。

挪威对于东北航道的应用,得益于地缘位置,在相似性分析中,挪威与俄罗斯最为接近。但是,作为与俄罗斯国土相接的北约成员国,如表 5-5 所示,挪威视美国为最重要盟友,将同美国及北约保持密切合作作为外交和安全政策基石。根据地缘位势聚类,挪威与美国也同为一类,因此,挪威虽占据东北航道地缘环境优势,但鉴于其与美国的盟友关系,在东北航道主张方面,仍需平衡俄美关系。同样,丹麦、冰岛也属美国盟友,虽然东北航道地缘位势优势不明显,但为保障其在北极航道的航行自由权,或将赞同美国观点,宣称北极航道属于用于国际航行的海峡,其他国家船只享有过境通过权或无害通过权。日韩两国地缘位势比较靠前,同是美国盟友,获益于北极航道的经济利益,可能会迫于美国压力加入坚持"航行自由权利"阵营,以期获取利于自身发展的北极航道权益。

表 5-5　各国加入组织情况

国家	北极理事会	北约 NATO (North Atlantic Treaty Organization)	国际北极科学委员会 IASC (International Arctic Science Committee)
俄罗斯	成员国		√
加拿大	成员国	√	√
美国	成员国	√	√
冰岛	成员国	√	√
芬兰	成员国		√
瑞典	成员国		√
丹麦	成员国	√	√
挪威	成员国	√	√
中国	正式观察员国		√
日本	正式观察员国		√
韩国	正式观察员国		
英国	永久观察员国	√	√
德国	永久观察员国	√	√
波兰	永久观察员国	√	√
荷兰	永久观察员国	√	√
法国	永久观察员国	√	√
越南			
泰国			

　　中国的东北航道地缘位势具有一定优势,主要得益于硬实力的贡献,具体表现在资金基础、技术支持、人力、物力资源方面等的优势,与俄在东北航道方面可通过多种合作方式共同投入东北航道的基础设施建设,加上中俄油气资源合作对东北航道的需求和利用、中俄双边经贸合作的增长,使两国在东北航道的开发利用和建设方面密不可分。中国本着"尊重、合作、共赢、可持续"的基本原则积极参与东北航道的建设,对于东北航道的管辖主张方面,将以构建人类命运共同体为基本准则。

　　芬兰和瑞典具备良好的东北航道地缘位势,但两国没有北冰洋沿岸港口,也并非美国盟国,加上国小力微,或与俄合作倡导在环北极八国范围内进行利益分配,或坚持北极航道的国际通行自由,二者对待北极航道的态度将根据其与美俄的外交关系进行选择。

其他非北极国家,如英国、法国、德国、越南、泰国,虽不占地缘优势,但一方面受益于航道开通带来的经济利益,另一方面局限于自己非北极国家的身份,或将争取航道的全人类利益,认为北极航道代表全人类利益,坚持自身在北极航道自由航行的权利,同时,也需要根据各国地缘政治变化、经济军事实力以及外交情况具体而论。

第六章

北极航道地缘政治格局的
圈层结构及其竞合关系

近年来,随着全球气温回暖,北极冰雪消融加剧,北极资源可利用性逐渐提高,北极地区的战略地位逐步提升。北极资源开发正吸引着全球的关注,各国都在积极参与北极事务,制定相应战略、政策。北极地区利益交织,地缘关系复杂,正深刻影响着世界格局和秩序。

根据北极航道地缘政治格局的全球化特征和地缘区域范围的延伸,研究范围不局限于北极国家,而是扩展至受北极气候影响的近北极国家、沿北极航道能够直接到达海域的周边受益国家,以及受北极航道开通影响的传统航线受益国家。纵观北极航道相关行为体的多样性与其集团化格局特征,结合行为体之间的地缘政治关系及其聚合状态,将以国家为单位的行为体进行充分组合,总体上呈现出多层次、立体式的圈层结构,以距离北极航道的位置远近和受北极航道影响所带来的收益作为划分圈层的主要依据,也就是以地缘距离和航运受益为标准。距离航道位置由内而外,因航道所获益由大到小,形成了以北冰洋为中心、以国家为单位的不同利益、不同立场的立体式地缘政治格局的圈层结构。由内向外依次分为五层,其中,前三层是北极国家,第四、五层是北极域外国家,分别是近北极国家和传统航线受益国家,如表 6-1所示。

表 6-1　以地缘距离与航运利益为标准形成的北极航道地缘政治格局圈层结构

圈层结构	包含国家	区位特征	属性	特征体现	
第一层 最内层	俄罗斯、加拿大	距离东北、西北航道最近	北极五国 （A5）	北极国家	1 全球化特征：以北冰洋为中心影响范围逐渐向外辐射 2 集团化特征：五层圈层结构分别代表不同的集团
第二层 次内层	美国、挪威、丹麦、冰岛	具有直接面向北极航道的海岸线和港口	北极五国 （A5）		
第三层 中间层	芬兰、瑞典	无北冰洋出海口北极圈内国家	环北极八国 （A8）		
第四层 次外层	欧洲的爱尔兰、英国、法国、德国、荷兰、意大利、西班牙、葡萄牙等非北极圈国家，亚洲的中、日、韩、印、朝等国	北极航道的距离安全优势带来航运成本减少的受益国	近北极国家	北极域外国家	
第五层 最外层	沙特阿拉伯、利比亚、埃及、阿尔及利亚、摩洛哥、苏丹、新加坡、埃塞俄比亚、巴基斯坦、墨西哥和巴拿马等国	距离北极航道最远，传统航线受益国，航运利益或随北极航道开通受损	传统航线受益国		

6.1　以北冰洋为中心的五层圈层结构分析

（1）圈层结构的第一层，即最内层，是距离航道最近且实行航道管辖权的国家。以地缘距离和航运收益作为划分依据，是距离北极航道最近且受益最大的国家，坚持北极航道是国内航线，也就是对航道拥有直接管辖权和最大话语权的国家，意味着可以充分利用北极航道带来的资源，从而收益也会随之提升，呈正相关关系，因此同时满足距离最近且受益最大的国家即为北极圈内与航道最接近的国家，位于 71°13′16.95″N ～ 78°37′40.38″N，达到收益期望最大值，主要为北极域内国家俄罗斯和加拿大。这两个国家因东北航道和西北航道有着共同的立场与利益，对于北极航道秩序的构建充分顾及自身的国家安全和环境安全，处于圈层结构最内层，是圈层结构的中心。俄罗斯和加拿大在航道航行方面的主张也保持一致，以北极航道地缘区域优势的因素为根据，借助国际法的不一致性争取北极航道私有权益，认为东北航道和西北航道分别是其国内航线，自身对航道具有管辖权。

俄罗斯一直是北极地区起主导作用的大国，随着北极冰川融化，俄罗斯不仅可以获得开采北极资源的权利，更可借助北极水域进入公海并控制北极重要海上交通要道,东北航道大部分在俄罗斯专属经济区内,俄罗斯拥有《联合国海洋法公约》所赋予的管辖权,且其在国家航道发展战略中,也将坚持对航道的管辖权,并重视自身在航道开发事务中的主导权。因此,俄罗斯在东北航道问题上实行航道管辖权的态度较强硬。西北航道全年大部分时间处于封冻状态,只有在夏季很短的一段时间可以通行。出于历史原因和国家利益的需求,加拿大利用"直线基线"和"历史性权利"把一些海域划归本国内水以巩固对北极航道的控制。因此,加拿大在西北航道问题上实行航道管辖权。俄罗斯和加拿大虽有同样立场,但鉴于加拿大受美国制约,俄美关系紧张,俄罗斯和加拿大在北极航道问题上也存在一定的不一致性,俄罗斯依赖于强大的军事实力,对北极航道问题的态度十分坚决且强势,而加拿大则相对温和,在国际法认可的制度内弹性宣示对于西北航道的主权,碍于与美国的敏感关系,处理航道问题相对迂回谨慎。

（2）圈层结构的第二层,即次内层,是指除最内层外具有北冰洋沿岸港口的北极国家。根据地缘距离和航运收益组合,将拥有直接面向北冰洋海岸线且毗邻北极航道,但缺乏直接地缘优势的国家划分为第二层,此圈层位于66°33′40″N ～ 71°13′16.95″N,主要是环北极八国中的美国（主要考虑阿拉斯加的地缘优势）、挪威、丹麦和冰岛。美国作为此圈层的代表国家,虽然在北极航道问题上不具备直接的地缘优势,对于北极航道的话语权不及俄罗斯和加拿大,但是因为雄厚的经济实力和强大的军事力量使得自身对北极航道的主张得到了一定的体现。美国在北极航道问题上并不接受俄罗斯对东北航道的强行管辖,坚持航道的航行自由权利,并在2020年5月协同英国安排5艘军舰进入巴伦支海,威胁俄海军最大基地。时任美国国务卿的蓬佩奥在2019年发表演讲时指出,加拿大对于"西北航道"的主权是"不合法"的,更是表示俄罗斯不是唯一一个对北极提出不合法主权声索的国家,美国对于北极航道的政治态度相对鲜明——不支持北极航道是国内航道的管辖,美国一直坚持外国船舶有无害通过北极航道的权利。但是由于美国不具备直接的地缘优势以及俄美长久以来的政治争端,所以在北极航道的权益争取过程中美国多与具有直接地缘优势的加拿大合作,同时会团结挪威、丹麦等其他北极国家,共同抗衡俄罗斯的主张。鉴于以上原因,美国在北极航道的权益争夺更多地表现在东北航道的争夺,因此,美俄两国未来仍是争夺北极的两大主要行为体,军事力量也将成为北极争夺战的主要博弈因素。对于美国及其盟友加拿大而言,西北航道开通具有重要的军事意义,但其过度开放也会成为两国国防上的隐患。因西北航道大部分经过加拿大沿海,对美国来讲,北极航道执行严格的沿海线管控方式不太现实,会损害美国充分利用西北航道进行政治、经济甚至军事活动的利益,但其又不会支持加拿大单方面控制西北航道。因此,加拿大在"西北航道"与美国存在常年的主权纠纷。

北欧诸国中,挪威绵长的海岸线和多处良港在北极航道开发利用的新变化中将大有作为。但对于挪威西部目前的航运情况而言,开辟这条新航路的需求并不迫切,因此他们对于北极航道的主张也多是保持中立态度,要求在国际法的框架下行使权力,获取利益。而凭借格陵兰获得大量资源与北冰洋沿岸国家身份的丹麦,向北方地区提出领土要求——任何通过格陵兰水域航行的船只都需要接受格陵兰政府的管理。但丹麦目前面临政策选择和政治挑战,一旦格陵兰独立,丹麦将失去其北极圈内国家的资格,所以对于北极航道的影响还有待后续观察。冰岛目前是处于孤悬海外的地缘格局,其将凭借地理位置的优势随北极航道的开通发挥跳板作用,成为欧亚大陆与北美大陆的海上枢纽。但是,一旦冰岛成为北极航道的重要中转站,人力资源需求量激增,将给它带来不少负担。

通过分析第二圈层国家的航行主张不难发现,美国作为此圈层的代表国家,在不满俄罗斯和加拿大将北极航道视为国内航线的同时,会以北极航道是属国际化资源,代表全人类利益,主张他国船舶有自由航行权利,并联络丹麦、挪威等北极国家利用自身北极理事会成员和北冰洋沿岸港口优势,共同开发利用北极航道资源。

(3)圈层结构的第三层,即中间层,指没有北冰洋出海口的北极国家。环北极八国中,有两个国家没有北冰洋沿岸港口,便是北欧的芬兰和瑞典,构成了圈层结构的第三层。由于历史原因,近代战争中,瑞典和芬兰接连丢掉北部海岸线和沿岸港口。第二次世界大战后,芬兰的不冻港口贝柴摩并入现属俄罗斯的摩尔曼斯克州,彻底失去了其北冰洋出海口,目前只能通过波罗的海穿越数个国家才能到达大西洋,若想到达北冰洋就更远。因此,二者对待北极航道的态度或将根据其与美俄的外交关系进行选择。

"北极五国"与"非北冰洋三国"之间在北极航道的利用与管辖方面也存在相应的矛盾,甚至存在大国与小国间的博弈。芬兰和瑞典都是波罗的海沿岸的国家,北极航道开通之前对北冰洋出海口的需求并不强烈。因此,地缘距离以出海口与北冰洋之间的距离为标准,他们与次内层相比还是较远。但北极航道开通后,两个国家的首都斯德哥尔摩和赫尔辛根,凭借波罗的海大港口的优势,通过北冰洋的亚欧航线带来的航运收益将大大提高。因此,以地缘距离和航运收益组合作为判断依据,这两个国家与最内层和第四层区别较大。

芬兰和瑞典国小力微,或与俄罗斯和加拿大国家合作争取北极航道利益或保持中立。一方面,因为国力无法与美国等国抗衡,在北冰洋航运权益分配问题上可能会依附于俄罗斯和加拿大等国,在较小集团范围内中推动北极航道利益分配,即倡导在环北极八国范围内进行利益分配,以争得些许北极航道利益;另一方面,可能与其他国家一致,坚持北极航道的国际通行自由。

(4)圈层结构中的第四层,即次外层,是以近北极国家为代表的北极航线受益国。北极航道的开通不仅关系到北极国家,对近北极国家及其北极航道受益国均具有重要影响,因此,第四层是以近北极国家为代表的非北极圈国家,地缘距离与前述相比相对较远,基本位置在 $30°N \sim 45°N$,这些国家是北极航道的受益国,距离和相对安全等优势使其国际航运的成本减少,从而带来巨大航运利益。主要包括欧洲的爱尔兰、英国、法国、德国、荷兰、意大利、西班牙、葡萄牙等和亚洲的中国、日本、韩国、印度、朝鲜等非北极圈国家。国际关系中出现了竞合研究,得益于此研究,北极航道开通后,第四层国家一方面受益于航道开通带来的经济利益,另一方面局限于自己非北极国家的身份,会争取航道的全人类利益,认为北极航道代表全人类利益,坚持自身在北极航道自由航行的权利。得益于当今世界和平与发展趋势,这些国家虽在距离方面不具有相对优势,但是在经济全球化的今天,具有相对的效益优势,将其归类为第四层,是基于航运效益和地缘距离的综合考量。当然,这种效益优势也要根据各国地缘政治变化、经济军事实力以及外交情况具体而论。例如,日本和韩国等国是美国盟友,可能会迫于美国压力加入坚持"航行自由权利"阵营,以期获取利于自身发展的北极航道权益。

(5)圈层结构中的第五层,即最外层,是指航运利益或随北极航道开通受损的传统航线受益国。北极航道的开通不仅关系到北极国家,对近北极国家及其北极航道受益国均具有重要影响,而且将直接影响到现在重要的国际航线,近些年可能减弱巴拿马运河与苏伊士运河的重要性,影响其周边传统航线受益国家。另外,北极航道开通与北极资源开发也会撼动诸多资源出口型国家的重要利益,如沙特阿拉伯、利比亚、埃及、阿尔及利亚、摩洛哥、苏丹、新加坡、埃塞俄比亚、巴基斯坦、墨西哥和巴拿马等国,它们或将在未来的北极航道权益争夺中产生重要影响。这一层集团的国家基本分布在 $0°N \sim 30°N$,围绕传统航线重要交通要道如苏伊士运河、马六甲海峡、巴拿马运河、亚丁湾等呈区域性分布。

6.2 圈层间的竞合与博弈关系

圈层结构划分依据中,与地缘距离密切相关,同时结合航运利益和理念认同等方面的考虑。各圈层之间,针对北极航道开发利用和治理均有不同的立场,持有不同的理念观点,存在明显的竞争关系,但是,也存在一定的合作关系。相同层内对北极航道开发利用和治理的观点大致保持一致,但也存在相互竞争或者不稳定性的情况。无论是圈层结构之间还是内部,均存在不同程度的竞争与合作并存的关系,主要围绕利益、理念和制度三大主线展开,各行为体在利益、观念和规则上存在的交集和分歧,构成了合作与竞争共存的竞合关系。这里分析各圈层之间以及同一圈层中不同行为体间关于北极航道的利益、立场和理念观点,结合各圈层国家的主要主张和政策,探讨圈层间及圈层内部的竞合关系,综合分析其对北极航道地缘政治格局的影响。

北极航道地缘政治的五层立体圈层结构之间,存在不同的竞合与博弈关系,资源优势增强了地缘因素的作用,航运利益成为主要驱动力,促使观念主张的形成,而制度则成为执行观念主张的手段和方式。这里主要通过航运利益、观念主张和政策制度等层面的进程来分析与解释北极航道相关地缘行为体的竞合关系,如图 6-1 所示。这里用竞争关系、相对竞争关系、合作关系和互补合作关系来表征圈层间的关系,而圈层间这种竞争与合作的关系不是绝对的,而是会随着政治、经济等各种因素的变化而不断演变。

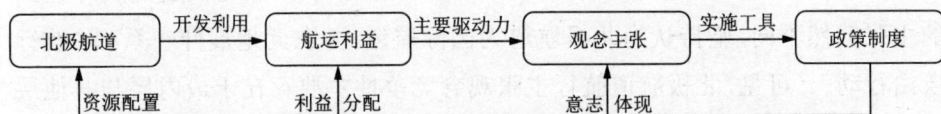

图 6-1 北极航道利益、观念主张和政策制度的层面进程

在利益层面,北极航道具有与其他航道不可比拟的航运价值,亚欧航线经北极航道与经苏伊士运河相比,能够节约成本,有效增加航运利益。同时,其贸易利益也十分突出,在促进贸易发展、创造贸易价值和改变贸易格局等

方面,北极航道也具有不可替代的作用。另外,北极地区油气资源丰富,北极航道的开通使北极资源利益优势也比较明显,不仅为世界新增了能源通道,也使全球能源贸易来源和通道的集中度逐渐降低,俄罗斯、美国和欧洲等国的能源贸易流量因此不断增多。可以判断,最内层国家存在对北极航道开发与运行的需求,次内层、中间层和次外层的国家对北极航道存在通航应用的需求,所以最内层与次内层、中间层和次外层之间存在着互补合作关系;次内层、中间层和次外层对北极航道的航运利益需求相当,这些国家之间也存在着航运贸易联系,因此这三层之间存在合作关系。当然,北极航道航运量增加将不可避免地影响到传统航线,对最外层的传统航线受益行为体造成一定影响。因此,在利益层面,最外层与最内层之间是竞争关系,但与次内层、中间层和次外层也存在航运联系,应是合作关系,如图6-2所示。

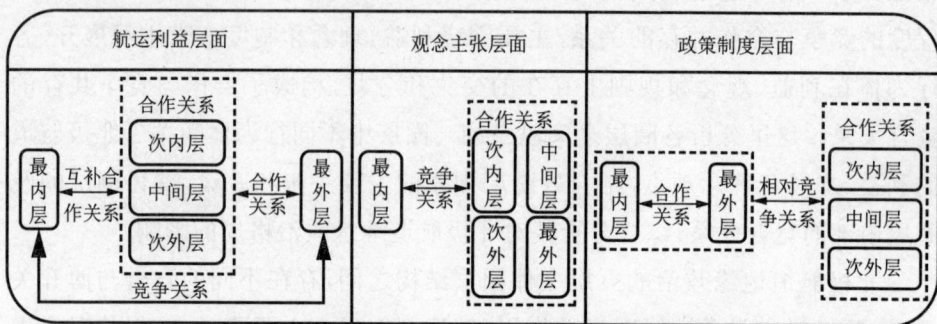

图6-2 圈层结构中航运利益、观念主张和政策制度层面的竞合关系

在主张观念层面,存在强烈竞争与博弈关系的是最内层和其他层之间。最内层的北极航道沿海国,通过"扇形原则、历史性水域和直线基线"宣示其"内水化"主张,这些依据与《联合国海洋法公约》提倡的"海上航行自由"截然不同,在国际法上都不同程度地都存在着缺陷与争议,并未得到国际社会的广泛认同。尤其是次内层的美国,与俄罗斯和加拿大在北极航道航行方面的主张截然不同,坚持认为北极航道为国际航道,并在此地展开一系列"航行自由行动"。可见,北极航道航行主张观念竞争性主要存在于最内层与其他层之间,呈现明显的竞争与博弈关系。其他四层之间在北极航道航行的主张观念上,对于"内水化"的主张不会完全认同。因此,最内层与其他层在观念主张层面呈现明显的竞争关系,而其他四层之间则是一种合作关系,如图6-2所示。因此,如何平衡最内层的北极航道沿海国"内水化"主张和制度化管辖与

其他圈层的航行自由将是未来博弈的焦点。在主张观念的另一个细化层面，美国和俄罗斯之间的大国博弈成为竞争关系的主要内容，美国因为雄厚的经济实力和强大的军事力量，在北极航道的主张方面，并不接受俄罗斯对东北航道的强行管辖①。随着美俄外交关系持续恶化，双方也在多领域开展全方位的竞争，焦点不仅局限于"海上航行自由"和"内水化"管辖，北极军事存在与资源开发方面也成为主要部分，导致竞争上升至军事层面和政治层面。不仅如此，大国竞争态势还体现在北极资源开发与环境保护的平衡之中，西方航运企业以保护海洋环境为由，弃用北方航道。俄罗斯认为西方国家持续利用环保问题向其施压，将生态和环境保护主题变为制裁、歧视和不公平竞争的工具。而与俄罗斯有同样航行主张的加拿大，与美国在西北航道的主张上，也具有强烈的不一致性。加拿大认为，西北航道开通具有重要的军事意义，但其过度开放也会成为美加两国国防上的隐患。对美国来讲，北极航道执行严格的沿海线管控方式会损害美国充分利用西北航道进行政治、经济甚至军事活动的利益。因此，美国不会支持加拿大单方面控制西北航道，两国在"西北航道"存在常年的主权纠纷。但无论是最内层与其他层之间的竞争关系，还是大国博弈关系，均在竞争中保持一定的合作，如美俄共同制定白令海峡双向航线，在海岸警卫队论坛框架下进行联合行动，保持边境互动。

在政策制度层面，最内层的俄罗斯和加拿大针对东北航道和西北航道，均制定了相应的国内法或者管理条例等以加强管理，在一定程度上实现了北极航道的内水化管控。同时，俄罗斯通过对东北航道的引航和收费制度，收取高昂的"破冰费"，并获得了不少经济利益；加拿大通过以环境安全为由，先后设立"航行安全控制区"和"船舶交通服务区"，对西北航道整体上进行一体化管理。最外层的传统航道受益国，如以苏伊士运河为代表的埃及、以巴拿马运河为代表的巴拿马，针对船舶通过运河均有相应的航行规则，同时也有相应的收费制度；马六甲海峡实行的过境通行制度，虽不涉及通行费，但也是沿岸国与使用国各方共同认可的权力分配的制度化表达。而其他圈层中国家涉及北极航道的政策与战略等内容，一般只是提及开发利用与可持续发展，而未有专门航行规则等文件涉及。因此，仅从政策制度层面看，最内层与最外层

---

① 王锐涛. 俄罗斯欲重申北极航道管辖权 专家：美国眼红却难有作为 [EB/OL]. 中国军网，http://www.81.cn/gjzx/2018-12/07/content_9372227.htm. 2018-12-07.

之间存在一定的合作关系,而这两层与其他层之间存在相对竞争关系,如图6-2 所示。随着航道开发利用的不断深入,次内层、中间层和次外层之间的合作关系将越来越密切。

6.3　各圈层内部的竞合关系及其变化

第一圈层结构中的俄罗斯和加拿大两国,作为东北航道和西北航道的沿岸国,地缘优势明显,在航道的开发利用与管制方面有共同点,存在着类似利益诉求的合作关系。在利益方面,两国深谙北极航道通航潜在的经济利益,俄罗斯更急于要实现的是北方海航道通航带来的丰厚的经济利益潜能,现行立法和政策也能体现出其通过开通东北航道促进本国经济繁荣的急切希望;加拿大似乎更加注重其安全利益,主要针对美国在加西北航道主权问题上的强烈反对立场,加方必须高度重视主权及其安全利益。俄罗斯和加拿大对北极航道的管理主张有一致性,均坚持"扇形原则、历史性水域和直线基线"主张,制定国内法实施对北极航道的管理。俄罗斯在北方海航道的管理规则方面,态度逐渐缓和,且在 2019 年 12 月批准《2035 年前北方海航道基础设施发展规划》,积极推进北方海航道基础设施建设,保障航道运行安全,增加航线贸易量,提升航道运输能力和商业价值的实现;而加方提及更多的是"环境保护",在利用西北航道发展经济和控制西北航道通行以保护环境等问题上常常摇摆不定,通过制定更加严格的国内法,如《北极水域污染防治法》,在环保名义下实施航道管理,同时加强主权诉求。但是,俄罗斯和加拿大在北极航道的问题上也存在一定的不一致性,俄罗斯依赖于其强大的军事实力,对待北极航道问题虽然态度缓和但比较坚决;而加拿大则相对温和,在国际法认可的制度内弹性宣示对于西北航道的主权,碍于与美国的敏感关系,处理航道问题相对迂回谨慎。在俄罗斯和加拿大将关注重心分别放在航道经济、主权利益时,其制定的规则制度很有可能出现相对竞争的局面,如俄罗斯和加拿大在环保方面的制度力度不同,或将使双方产生意见分歧和利益博弈。因此,在复杂的国际关系和利益驱动下,这一圈层结构中二者的合作关系并不是一成不变的,而会随着利益复杂化而逐渐向竞争型变化。

第二圈层中国家对北极航道具备一定的区位优势,具有主张航行自由和无害通过的共同利益诉求,内部成员间存在合作关系,但这种合作关系存在大国与小国间的不平衡。美国作为大国,在北极战略中与俄存在长期的政治争端,在北极航道的权益争取过程中,多选择与第一圈层结构中具有直接地缘优势的加拿大进行合作,同时在第二圈层结构中会密切团结挪威、丹麦和冰岛等其他北极国家,共同参与北极航道开发并抗衡俄罗斯主张。这一圈层中的国家均是北约创始成员国,从军事角度上讲,这一圈层以美国为首,挪威是保卫美国的战略路线,也是北约在北欧对俄罗斯进行防御的重要前哨岗;丹麦作为环北极国家之一,凭借格陵兰岛的战略位置使美国对其更加重视;冰岛加入北约,在军事上保持对美国的长期依赖。但这三个北欧国家与美国之间并不是一成不变的合作关系,关系会随着航道利益的增加和各国政治经济的需求而不断发生变化。在观念主张层面,挪威目前考虑到其西部航运需求,对开辟这条新航路的迫切程度不高,对于北极航道的主张也多是保持中立态度,要求在国际法的框架下行使权力,获取利益。冰岛在北极航道开发中,如按其意愿发展成为重要中转站,将增加其人力资源需求负担。在政策制度层面,丹麦凭借格陵兰获得北冰洋沿岸国家身份,在开发东北航道方面,采取的是以格陵兰为起点,沿着北冰洋沿岸逐渐东移的渐进式策略,期间要经过挪威海岸线和俄罗斯的科拉半岛,与圈层内外国家均有交集,同时,格陵兰岛既是丹麦对美国的重要谈判筹码,同时是其外患的风险所在,需时刻警惕和提防美国拉拢格陵兰损坏其北极利益。因此,在美俄北极博弈过程中,挪威如何处理好大国博弈带来的影响和其与大国之间的关系,是其夹缝中求生存的重要考量;因格陵兰岛而成为北极国家的丹麦,近年与在格陵兰问题上与美国争论不休;冰岛不想成为美俄北极之争的炮灰,军事上对美国的依赖也需要适时调整。种种迹象表明,美国与其三个盟友挪威、丹麦和冰岛之间的合作关系并不牢固。而北欧三国,因价值观的契合和航运事业发展的需求,在北极航道开发利用中,将保持着良好的合作关系。

第三圈层结构中内部成员只有瑞典与芬兰,二者的劣势是没有北冰洋出海口,两国在航运方面的依赖性相对较低,但是均与亚洲国家存在着贸易往来,因此,在北极航道的开发利用上有着相同的利益,存在长期的合作关系,这种关系相对稳定。芬兰和瑞典由于国小力微,对待北极航道的态度一般保持一致,或将根据其与美俄的外交关系进行选择,或与俄罗斯和加拿大合作争取北极航道利益或保持中立。一方面,因为国力无法与美国等国抗衡,在北冰洋航运权益分配问题上可能会依附于俄罗斯和加拿大等国,在较小集团范围内推动北极航道利益分配,即倡导在环北冰洋八国范围内进行利益分配,以争得些许北极航道利益;另一方面,可能与其他国家一致,坚持北极航道的国际通行自由。因此,芬兰和瑞典两国在稳定的基础上,在航运利益分配过程中,或将在观念主张和政策制度上有着微小变化。

第四圈层结构中的内部成员,是北极航道开通运行的受益国,同时也是北极航道欧洲端和亚洲端的国家。这些国家之间存在着航运的贸易往来,对北极航道的开发利用需求比较强烈,从利益角度存在着一致性,政策方面虽存在一定差异,但均从积极参与航道建设与可持续发展角度考虑。如中国的《北极政策白皮书》,本着"尊重、合作、共赢、可持续"的基本原则,强调积极推动共建"一带一路"倡议涉北极的合作,加强北方海航道开发利用合作,开展北极航运研究,完善北极开发合作的政策和法律基础。当然,也要根据各国地缘政治变化、经济军事实力以及外交情况具体而论。因此,第四圈层结构的国家,在北极航道开发利用方面是合作关系,但是鉴于各国政治及其受大国因素影响的不同和北极航道利益的提升,合作关系或将出现变化。

第五圈层结构中的成员国家,均通过各种方式获取来自传统航道的经济利益。现今,东西方贸易往来对苏伊士运河和马六甲海峡的依赖程度相当高,其繁忙程度前所未有,这些国家的精力均放在应对船舶通航过程中,尚未顾及北极航道的开通及其将带来的经济影响,实际上,随着北极航道年度通航时间的不断增加,或将慢慢带走传统航道一部分通航量,致使该圈层结构中国家的经济利益受损,随着利益受损程度的不断提高,这些国家对待北极航道的态度将从尚未顾及向联合应对的合作关系转变。

6.4　我国与各圈层的合作模式探讨

圈层结构中,每一层之间存在对北极航道开发利用和治理保持一致的政治认同,但也存在相互竞争或者不稳定性的情况。根据各圈层国家的主要主张和政策(如表 6-2 所示),可进一步分析各圈层之间以及同一圈层中不同行为体国家间关于北极航道的利益、立场,以及圈层之间的竞争、协调及合作关系,分析北极航道地缘政治格局及其发展方向。

表 6-2　北极国家针对北极航道的态度和政策主张

圈层结构	态度和政策主张	相关政府文件
第一层,最内层	俄罗斯:主张外国船舶在抵达东北航道之前向俄罗斯递交申请,经评估方可批准是否允许通过;与中方共建"冰上丝绸之路",加强北方海航道开发利用合作,开展北极航运研究,完善北极开发合作的政策和法律基础	《北方海航道水域航行规则》《中俄极地水域海事合作谅解备忘录》《中俄总理第二十次会晤联合公报》
	加拿大:主张 300 吨以上的船舶或装载污染物或危险品的船舶在进入西北航道之前应向加拿大报告;处理了美加政府之间关于西北航道的通行问题,维护双方立场并留待一些争议以后解决	《加拿大北方船舶交通服务区规章》《加拿大—美国北极合作协定》
第二层,次内层	美国:强调俄罗斯在破坏北极地区和平,美国希望和盟友国家达成合作,共同遏制俄罗斯在北极地区的扩张	《美国北极地区国家战略》
	挪威:任何在北极地区的活动都应该在 UNCLOS 框架中进行,特别要注意与俄罗斯的合作	《挪威政府的北方高纬度战略》
	丹麦:任何通过格陵兰水域航行的船只都需要接受格陵兰政府的管理	《丹麦王国北极战略》
	冰岛:主张要把握北极航道这个机会,提前谋划对北极航道航行船只的补给和应急救援等措施,倡导规则应当由 UNCLOS 来制定,不能由某个沿岸国家进行单方面的管理	《关于冰岛北极政策的议会决议》
第三层,中间层	瑞典:强调北极地区自由贸易的重要性,把气候环境放在首要的位置上	《瑞典在北极的战略》
	芬兰:强调北极经济发展与环境保护及北极国家内部的协商与内外互动,着力提升芬兰参与北极事务的能力	《芬兰北极地区战略》
第四层,次内层	德国:强调北极事务的全球性,尊重国际海洋法体系和北极理事会在当前北极治理中的重要治理角色	《德国北极政策方针:承担责任、夯实信任和塑造未来》
	英国:致力于创造安全稳定的北极环境,在国际法的框架下与北极国家及原住民合作参与北极治理,利用先进的科学技术减少对北极环境的破坏,从而实现北极地区负责任的开发与发展,表明英国放弃了在北极事务上的消极观望态度,开始以严肃的姿态积极介入北极治理	《应对变化:英国的北极政策》
	中国:中国是北极事务的积极参与者、建设者和贡献者,作为负责任的大国,愿本着"尊重、合作、共赢、可持续"的基本原则,与有关各方一道抓住北极发展的历史性机遇,积极推动共建"一带一路"倡议涉北极的合作,积极推动构建人类命运共同体,为北极的和平、稳定和可持续发展做出贡献	《中国的北极政策》
	日本:深化同俄罗斯、挪威等北极国家的经济合作,在强化与北极国家双边关系过程中,提升自身在北极事务中的话语权	《日本的北极政策》
	韩国:构建对国际社会有贡献的北极合作关系、加强对解决人类共同课题有贡献的科学研究、创造北极新产业,尤其注重与俄罗斯的北极合作	《北极政策基本计划》《九桥行动计划》
	印度:主张进行广泛的国际合作、加大科学研究力度,目前印度在北极主要有科学考察、环境保护、商业及地缘战略等四大利益	《印度与北极》

圈层结构	态度和政策主张	相关政府文件
第五层,最外层	新加坡:加强与相关北极国家和国际组织沟通合作,参与极地航运与规则制定等	《新加坡在北极》《新加坡和北极 —— 接下来的步骤》

　　从北极航道的地缘政治格局来看,北极地区与北极航道的发展不能抛开北极国家的支持与协作。北极航道要真正实现商业利用,必须在提高通航保障能力的基础上,完善基础设施建设,域外国家的参与将在很大程度上解决北极国家所面临的经济和技术等困境。目前,北极航道仍处于布局阶段,北极航道开通后带来的可观的经济利益使得各国都在预先谋篇布局,进行多方动态博弈。长久以来,由于各个国家的利益基点和资源地位不同,北极航道的博弈过程漫长且难成定论,但是可以通过划分五级圈层结构将各个国家的资源牵涉关系进行有效分类,并在此基础上分析各个国家在博弈过程中的利益关系,从政策主张中挖掘背后经济逻辑,进而尝试提出我国对北极各地缘政治圈层国家的合作方案:通过与北极国家多方合作增进国家之间的关系,在增强国际话语权的基础上,密切加强与沿线国家的友好合作,推动中国优势行业和企业与相应国家进行精准对接,共同推进北极航道建设;"一带一路"倡议的实施和 RCEP 协定的达成为中国协同沿线国家开发利用北极航道提供了良好机遇,考虑到各圈层国家的覆盖率存在局限性,因此结合划分出的五个不同圈层,与每个圈层一个或多个国家形成紧密性针对性合作联系,连线成片,逐渐形成辐射力。

　　第一圈层俄罗斯的政策主张十分清晰,虽然俄罗斯在北极航道拥有绝对优势地位,但是面对众多国家的"虎视眈眈",亦需要寻求合作。俄罗斯向中国做出合作许诺的原因是显而易见的,基于在北极航道的绝对优势和目前的部署形势,俄罗斯备受西方经济制裁打压,为了在未来充分发挥东北航道的价值,俄罗斯需要达成联盟进行共同部署,争夺更多的话语权,减少国际争议。而中国无论是作为北极理事会正式观察员身份,还是在资金基础、技术支持、人力、物力资源方面等都占据优势,有能力协助俄罗斯北极航道开发的基础设施网络建设。同样,作为近北极国家,北极航道的开通对我国的意义重大,双方的共识达成了合作许诺。因此,第一圈层重点以夯实中俄合作基础为核心,寻求中俄共同利益,拓展合作范围。全面分析俄罗斯 2019 年和 2020 年出台的《2035年前北方海航道发展规划》《2024年前和远期2035年前远东和北极地区社会经济发展国家规划》和《2035年前俄联邦北极国家基本政策》等相关文件,深入发掘俄罗斯更加积极开放的北极国际合作规划与政策,筑牢中俄已有合作基础,抓住俄罗斯2021—2023年担任北极理事会轮值主席国的重要契机,深入发掘俄罗斯在北方海航道基础设施建设、东北亚端港口开发利用、能源资源与贸易航运扩展等国际合作需求,以中俄亚马尔液化天然气合作项目为示范,发挥中国基础设施建设的优势领域,如交通运输(铁路、公路和港口、航空)和通信等领域,建立以国有企业为先导的对外投资与国际合作格局,以资本雄厚和优势明显的国有企业为先,带动私营企业等不同所有制企业一同参与北极航道的开发利用,积极寻求符合中俄共同利益的互利共赢的合作切入点并拓展合作范围,从国家层面制定国际合作框架协议,适当引导和支持社会资本共同参与俄罗斯北极航道开发利用。

第二圈层地缘行为体间的关系复杂,但是美国对于北极航道的政策立场却十分清晰,反对俄罗斯对于北极航道的主张。这与美国自身发展定位及其与苏联的历史渊源有着密切关系,但是由于美国自身在北极航道的地理位置不够优越,所以势必要与加拿大以及北约盟友达成密切合作,同时防范其他国家跨入俄罗斯的布局,这也是美国在中俄达成共识之后急于开展多次军事演练的原因。一旦中俄联盟吸引周边更多的小国加入,如挪威、冰岛,俄罗斯参与制定规则的话语权便会显著提升,美国的军事演练是对周边小国的"威胁",意图改变小国的策略行动。我国与俄罗斯达成合作意向不仅是考虑到双方的共同利益,同时也是受国际局势影响而做出的可信性行动。近年美国与中国博弈竞争不断,在北极事务上美国更是有偏见性地针对中国,北极国际合作意愿较低。但是,该圈层的挪威和丹麦,与中国在北极事务合作包括北极航道合作有较强意愿和需求。2019年11月,中挪两国高级别的官方对话重新建立,挪威近期发布的《挪威在北极地区的居民、利益与能力》中也提到支持与中国和其他非北极国家开展合作,也意识到使用北极航道与传统贸易路线的利弊。中国应以此为契机,抓住文件内涵,加强与挪威在北极航道开发利用等方面的合作,促进双方经贸等各方面发展。此外,丹麦海外创新中心的创新专员也正帮助丹麦研究人员与相关研究机构和各国的利益相关方建立联系,积极推动构建格陵兰北极研究国际中心的合作,加上中国在格陵兰岛基建、渔业和矿业方面均有投资,以此为基础,中国要继续加强与丹麦和格陵兰在北极事务上的国际合作。近些年,中国与冰岛 2012 年签署了《中冰海洋和极地科技合作谅解备忘录》,两国在北极科研和冰岛水域勘探石油展开合作,2013 年又签署了自由贸易协定。

第三圈层国家并非美国盟国,他们在北极航道使用方面有自身的需求,同时,限于自身国土面积以及资金技术,需要寻求合作伙伴,制定统一规范。我国在该圈层与芬兰、瑞典加强航道开发利用的国际合作前景向好。芬兰也表示欢迎中国提出的"冰上丝绸之路"倡议,并希望推动其与国内"北极走廊"计划对接,使芬兰成为联通北极和欧亚大陆的枢纽国家,中国公司参与了建设连接芬兰首都赫尔辛基和爱沙尼亚首都塔林铁路隧道的项目。中国与芬兰的合作向着持续良好的方向发展,以此为契机,以双边共同利益为基础,中国应做好两国在北极地区和北极航道共同开发的国际合作规划,通过两国密切合作保障北极航道欧洲端的畅通与发展。

第四圈层处于北半球近北极区域,对于北极航道使用有着共同的利益诉求。中国地处东北亚地区,在北极航道开发利用中与日韩有着共同的利益和需求,应继续抓住 2020 年 11 月区域全面经济伙伴关系协定(RCEP)协议签署的重要契机,构建北极航道中日韩利益共同体,为航道使用和深度开发做出共同的努力;以构建人类命运共同体为前提,寻求互利共赢的合作方式,解决中国北极航道出海口问题,以"大图们倡议(GTI)"为国际合作机制的示范,积极推动中国在图们江区域实现"借港出海,连线出境"的目标,从海陆联运与互联互通角度选择优势领域进行投资合作,构建完善的区域跨境国际贸易与投资体系,统筹规划中国北部港口,投建中国北极航道大型港口,推动陆海联运建设,开通常规性北极航道远洋运输,打通亚欧大陆桥陆上运输,使其成为陆海联通的区域性交通枢纽;加强基础设施投资建设,推动中国北极航道互联互通和东北亚地区陆海联通;与欧洲非北极国家方面,需要继续保持与其的国际合作关系,在拓展贸易往来的同时,最大化、最优化地利用北极航道。

第五圈层的国家利益或将受到北极航道开通的影响,但这些传统航线受益国在航运经济与管理机制等方面有着丰富的经验,中国可通过"21 世纪海上丝绸之路"等倡议加强与其合作,并在其优势领域如航运管理、技术和体制机制等方面开展深入合作研究,共同作为北极航道的使用者和维护者参与北极航道的开发利用。

　　北极航道未来一旦开通,近北极圈国家的战略地位必会随之不断提升,中国作为北极圈外国家,参与北极事务与北极航道治理或将面临较大阻碍,必然需要加强与北极国家的国际合作,增强与近北极国家的友好联盟关系,进一步推动与各国的经贸合作,加深双方或多方互信,拓展区域战略合作。因此,通过北极外交,寻求与北极国家的合作,是中国参与北极事务、开展北极活动、维护在北极的国家利益的有利途径。开展北极国际合作,不仅要加强与北极国家的合作,也需要重视与非北极国家的外交与合作,总体目标是夯实与每个圈层的典型国家合作基础,产生辐射影响力,共建人类命运共同体。

第 七 章

北极航道地缘利益与中国对策

目前对于中国北极航道地缘政治的研究相对较少,主要针对北极航道的地缘政治安全指数、北极航道地缘政治的复杂网络特征、北极航道博弈机制等相关领域进行探索和分析。此外,针对整个北极地区的地缘政治研究相对较丰富,有学者运用地缘政治规律、结构分析方法等,从动态层面分析了当今北极地缘政治的新特点及北极地缘政治的基本特征等,并针对北极地区新形势提出了中国的应对措施和相关政策建议等。

研究发现,中国在北极航道地缘政治权益方面缺少直接的话语权。中国在北极航道地缘利益争夺中的障碍更多地体现在国际协调机制与中国的文化和理论体系方面存在的不吻合现象,没有构建符合中国国情和实际需要的理论体系。据此,提出以下中国参与北极航道治理的对策。

7.1 明确政治身份,强调参与北极航道治理的政治合理性

中国参与北极航道事务的管理,首先需要明确政治身份,强调参与北极航道治理的政治合法性,以争取中国在北极航道开通上的利益,巩固中国在北极事务中的实质性影响力,为多方位参与北极事务提供可能。

第一,中国"近北极国家"身份的认定和"北极航道"使用者与维护者身份的认定。北极气候变化对环境、自然资源、人类的活动以及海上运输等方面的影响越来越显著,中国地邻北极,是最为直接的利益攸关方,北极问题未来的动态、走向也是中国密切关注的议题。因此,关于中国的北极身份定位方面,"近北极国家"这个概念是最优选择,既符合中国与北极地区位置关系的现实,又将中国从更广泛的非北极国家中分离出来,表明中国等国家与北极

地区之间的特殊地缘政治关系,不能被简单地排除在北极地区之外。"近北极国家"既包含非北极国家,又对北极国家主权和利益予以充分的尊重和肯定。中国需要坚定自身的"近北极国家"身份定位,在北极地区并不追求与北极国家同等的主权权利,同时也强调在北极治理与利用上,坚决维护合法权益并承担相应的义务,努力成为一个北极地区"建设性的参与者"和"可信赖的战略伙伴"。在北极航道利用与治理方面,中国同大多数近北极国家一样,是北极航道的使用者。随着国际商贸业务的拓展和北极航道通航程度的提高,世界对于北极航道的使用将越来越频繁。同时,中国主张北极国家与近北极国家相互尊重各自权利,理解各方有关关切,共同合作应对治理问题,促进北极的和平稳定和可持续发展。因此,中国将是北极航道的重要维护者,既维护北极航道的通航环境,又维护北极航道的权益和利益,为北极航道的国家利益和国际治理做出中国贡献,发出中国声音。

第二,充分发挥北极理事会永久正式观察员国身份的优势。加入北极理事会,成为其正式的观察员国被视为参与北极事务最直接、最有效的手段。中国加入北极理事会后,一方面要充分利用其给自身带来的优势资源,深入挖掘在北极航道开发利用方面的运作空间;另一方面应清醒地意识到其对自身产生的约束,灵活处理与理事会及各成员之间的关系,尤其是谨慎处理在东北航道和西北航道治理问题上与俄罗斯和加拿大的关系,从而实现中国在北极地区权益的最大化。

7.2　寻求法律依据,承认北极航道相关法律框架并参与构建

随着北极航道通航程度的日益提升,北极国家与其他非北极国家对北极航道理的管理和活动也将不断增多,为便于对北极航道的活动进行管理,北极国家尤其是俄罗斯和加拿大等航线沿岸国,通过国内法形式对其进行规范和管理。中国作为北极航道的使用者和维护者,也需要寻求合理的法律依据,使中国的北极航道活动有法可依。

首先需要对与北极航道相关法律框架给予高度重视,一方面要较快地融入并承认既有国际法法律体系。目前,关于北极航道治理的法律框架,《联合国海洋法公约》(以下简称《公约》)依然具备相当的权威性。从地理组成上,北极航道沿线绝大部分位于北极国家领海、专属经济区,小部分为公海,根据《公约》第58、87、90条,任何国家的船舶在专属经济区与公海均享有航行

自由,因此各国商船拥有利用北极航道的权利。而在领海的航行,同样得到了《公约》保障,第17条无害通过权规定:"在本公约的限制下,所有国家,不论为沿海国或内陆国,其船舶均享有无害通过领海的权利。"中国在加入《公约》为代表的重要国际海洋法条约的同时,可在北极航道享有各种缔约国的权利,也可有效履行本国义务。遵循《公约》"自由航行和无害通过权利",坚持北极航道为"用于国际通行的海峡",应适应于国际通行制度。另外,中国需切实分析自身特征和国际影响力,在承认俄、加的国内法对北极航道运行有益的基础上,审慎对待其限制性条款。

另一方面,中国需要积极参与IMO等国际组织主导的北极新的立法进程,并通过各种合理的方式参与其中并施加影响,争取中国利益最大化;充分利用北极理事会正式观察员国的身份参与会议倾听国内外航运业界的重要意见,参与重要提案和相关公约修订的讨论,并积极提出新的议程,在立法进程中体现中国利益和意志。

7.3　开展国际合作,夯实与北极国家合作基础并拓展区域联盟

从北极航道的地缘政治格局来看,北极地区与北极航道离不开北极国家的认可与支持,北极地区之外的其他国家要介入北极事务是极其困难的。北极航道开通后,美国、加拿大、日本、韩国、俄罗斯和欧盟等近北极圈国家和组织的战略地位必将得到进一步的提升,中国必然要扩大与近北极国家的"朋友圈",加强与各国的经济战略对话,加深对彼此战略走向和发展道路的了解,增强战略互信。因此,通过北极外交,寻求与北极国家的合作,是中国参与北极事务、开展北极活动、维护在北极的国家利益的有利途径。开展北极国际合作,不仅要加强与北极国家的合作,也需要重视与非北极国家的外交与联盟。

7.3.1　以"冰上丝绸之路建设"为契机,密切加强与沿线国家的友好合作

由于北冰洋被亚欧大陆和北美大陆环绕的特殊地理位置,北极航道在连接北美、亚洲和欧洲上具有天然的距离优势。然而中国对外经贸长期依赖南部航线,在北冰洋方向的航线是缺失的,伴随北极海冰的消融,中国对外经贸战略布局纳入北极航道不仅可行,而且具有重要意义。中国作为一个非北极沿岸国家参与北极航道的治理,争取北极国家及其沿线国家的理解和支持至关重要。

"一带一路"倡议的实施为中国协同沿线国家开发利用北极航道提供了良好机遇。随着越来越多国家的积极响应,"冰上丝绸之路"的顺利推进将对世界经济的可持续发展、区域经济均衡和中国对外战略合作产生深远的积极影响。届时,北极航道作为潜在发展中的国际航线,将会与"一带一路"试图打造的亚欧大陆经济发展与合作新格局发生互动,并带来积极贡献。

在"一带一路"倡议中,"共商、共建、共享"是合作各方的基本原则,所有这些背后的核心就是互利共赢。将北极航道开发利用纳入"一带一路"倡议,建设北极航线,构建东北亚地区乃至西欧、北欧的经济合作走廊,将丰富和充实"一带一路"建设的布局和规划,完善中国对外经贸网络,对中国发展全面的对外经贸关系具有不可或缺的作用。我国通过加强"一带一路"建设,参与北极航道治理是实现我国与北极国家合作,达到共赢目标的有效路径。通航后的北极航道将使我国企业对欧洲、北美航线的海运需求大幅度提升,带动我国北方航运业的大发展。

中国发起共建"一带一路"重要合作倡议,与各方共建"冰上丝绸之路",为促进北极地区互联互通和经济社会可持续发展带来合作机遇。俄罗斯是中国重点加强合作关系的对象,俄罗斯在北极地区地位突出、面积大、资源多、控制航线长,对中国在北极地区的利益影响最大。俄罗斯在北极航道和资源开发上也有很多问题,如资金显著不足。航道基础设施的配备、海上石油等资源的开发都需要很多的资金,中国可以直接购买俄罗斯北极地区资源,通过东北航道完成跨国运输,也可以采用由中国出资共同开发的方式,加快北极航线和资源的开发和利用。两国政府充分发挥牵线搭桥的作用,努力营造友善的投资氛围,在互惠互利的基础上开展合作。2017 年 11 月,国家主席习近平在会见俄罗斯总理梅德韦杰夫时指出,"一带一路"建设同欧亚经济联盟对接,努力推动滨海国际运输走廊等项目落地,共同开展北极航道开发和利用合作,打造"冰上丝绸之路"。同年 12 月 8 日,中俄"亚马尔液化天然气项目"第一条生产线正式投产,成为全球最大的北极液化天然气项目。2019 年 3 月,第三列工艺装置成功开车,亚马尔 LNG 项目全面建成。亚马尔将每年向中国通过北方航道供应 400 万吨 LNG,这是目前"一带一路"倡议提出后中国实施的首个海外特大型项目,对推进北极航道周边的国际能源合作有着积极意义和示范效果。俄罗斯作为北极资源开发和航道开通的重要大国以及共建"一带一路"的重要合作伙伴,其积极呼应是一个具有深远战略影响的良好开端。中国应加强同北欧国家的合作,密切关注并及时推进在北极航线权益博弈中与可能与中国处于同一阵营的国家之间的关系,加深相互的依赖程度,如我国同冰岛的合作关系的建立和自由贸易协定的签署,将有利于打开我国同欧洲国家经贸合作的新局面,我国应有更多此类举措。

7.3.2 以地缘政治格局为基础,夯实东北亚区域战略联盟

随着北极航道开通的日益逼近,其地缘政治影响也日趋彰显,对东北亚地区的影响尤为显著,致使其地缘政治格局可能呈现新的局面。俄乌冲突爆发后,俄罗斯以外的北极国家即在北极治理体系内掀起排挤、刺激和孤立俄罗斯的"排俄运动"。然而,不管北极治理形势如何改变,俄罗斯在北极治理中的重要地位与作用难以撼动。北极地区是俄罗斯的战略能源基地,贡献了约20%的国内生产总值。《俄罗斯北极战略2035》明确提出,要将北方海航道打造成具有世界意义的交通走廊。俄乌冲突与美欧长期制裁的叠加效应,将使俄罗斯加紧推进其北极战略,包括建立和完善俄罗斯主导的北极治理机制。与美欧"脱钩"或使俄罗斯更有意愿去组建自己主导的北极治理体系,如创立"泛北极理事会"。俄罗斯可借此吸纳更多的北极利益相关者,包括金砖国家和集安组织成员国,对北极传统和非传统安全问题展开广泛讨论,并采取集体行动。

俄乌冲突对俄罗斯外交最重要和最不利的后果之一,是俄罗斯和日本之间的关系急剧恶化。在2022年2—3月,俄日关系倒退了几十年。俄罗斯和日本之间的政治外交冲突迅速升级,每一个新的回合都使俄日关系更加恶化。早在2022年2月23日俄乌冲突发生前夕,日本就与美国、英国和欧盟同步针对俄罗斯对"顿涅茨克人民共和国"和"卢甘斯克人民共和国"的外交承认实施了"第一波制裁"。在军事行动开始后的最初几天,日本宣布冻结部分俄罗斯高级官员和政治家的资产。例如,2022年2月28日,东京对俄罗斯中央银行和俄罗斯总统普京实施制裁。在接下来的几天里,日本官员一再宣布新的对俄限制措施,包括对能源和高科技贸易实施限制。2022年3月上旬,日本当局加入西方国家几轮对俄罗斯的制裁行动,日本首相岸田文雄在访问印太地区时,试图说服几个邻国的领导人联手遏制俄罗斯,他公开指责俄罗斯"破坏了世界秩序的基础"。2022年3月7日,俄罗斯宣布日本和其他45个国家为"不友好国家",允许对其采取旨在保护俄罗斯国家利益的广泛的限

制性措施。俄罗斯外交官在 2022 年 3 月 21 日宣布莫斯科放弃与日本的和平条约谈判,取消日本人到南千岛群岛的免签证旅行以及退出在那里开展经济合作活动的谈判,日本对此感到特别痛心。俄罗斯宣称日本的行为事实上破坏了发展双边关系的谈判框架,俄罗斯放弃与日本的谈判是对"东京的不友好举动"做出的有尊严的回应。

韩国对俄罗斯在乌克兰的"特别军事行动"的反应有所不同。如上所述,日本明确支持美国的反俄行动,甚至带头让印度等其他亚洲国家参与对俄罗斯的制裁。在韩国,所有主要政治力量都同意谴责俄罗斯在乌克兰的"特别军事行动"。然而,众所周知,对韩国公民来说,对俄制裁的问题并不重要。韩国更热衷于讨论如何加快经济增长使自身在未来十年内成为世界经济和技术的领导者之一,甚至在人均 GDP 方面超过日本这个长期的合作伙伴和对手等问题。韩国宣布在 2022 年 2 月底至 3 月初加入对俄制裁的第一阶段后,很快于 2022 年 3 月 4 日从华盛顿获得了特殊权力,即韩国公司向俄罗斯出口技术产品时不再需要向美国当局申请许可证,但韩国在与俄罗斯贸易中的出口限制必须与其他国家一致。在 2022 年 3 月 1 日美韩会谈后,美国商务部证实,只要不向与武装部队有关的用户提供智能手机、汽车、洗衣机和其他消费产品,韩国商品可以不受限制地出口俄罗斯。韩国在以美国为首的西方集团中要求自主行为,并与俄罗斯发展关系,是基于其自身的利益。

对俄罗斯外交来说,朝鲜是全球明确支持俄罗斯在乌克兰采取"特别军事行动"的少数国家之一。朝鲜在联合国投票反对对俄谴责决议,并多次在双边和国际场合对俄罗斯的军事行动表示支持。在俄罗斯外交日益孤立的情况下,这种明确支持在莫斯科得到了高度赞赏,并将为未来发展双边关系打下良好基础。

因此,在东北亚地区属北极航道重要一端的特殊地缘位置影响下,中国需要提高对东北亚地区的重视,充分利用中国在东北亚地区的地缘影响力,加强与东北亚国家在北极航道治理问题上的国际合作,与俄罗斯、朝鲜、韩国、日本和蒙古等国以促进东北航道深度开发利用为前提,夯实东北亚区域战略联盟,签署东北亚区域双边战略同盟合作框架协议,共同应对美国在东北亚地区扶持个别亲美政权来遏制航道通航或者长期限制航道规模的排他行为,使东北亚地区能够自主控制并共同开发北极航道的西北太平洋段,形成共促北极航道发展的东北亚地区"命运共同体"。

中国与东北亚各国之间,需要找到开展航道开发利用的国际合作切入点,签署双边战略同盟合作框架协议,形成"中俄形成合力、中韩加强合作、中日利益平衡、中朝提前部署、中蒙陆通为主"的国际合作战略格局。

中俄以"海上丝绸之路建设"为契机,以打通中俄北极蓝色经济通道和图们江出海口通道、实现陆上互联互通、构建中俄海陆联运与蓝色经济齐头并进的发展思路为主。

中日韩以"中日韩北极事务高级别对话"为主要抓手,以三方在北极航道开发利用的共同利益为基础,加强三国在"北极理事会"等重要国际场合的密切合作,保障其内部合作一致性。目前与韩国可开展更为深入的北极国际合作问题探讨,可借助"大图们倡议"构建中韩北极与北极航道研究合作平台,加强两国北极与北极航道研究领域的专家交流。中日合作方面,中国应寻求两国在北极航道开发利用共同利益的平衡点,以互利共赢为基础促进合作,并争取将日本纳入图们江区域国际合作机制的"大图们倡议"。

中国与朝鲜的北极航道合作,需要提前部署,寻求两国共同利益的出发点,通过中朝旅游带动北极航道重要港口如罗津港的发展,促进海陆交通枢纽等方面的合作,防止因朝美就北极航道问题形成默契而对中国形成出海口围堵的风险。中蒙两国要继续加强"两山"铁路建设,打通贯穿中、蒙、俄的铁路大通道,以联合国开发计划署的图们江合作开发构想为基础,经铁路连通俄罗斯符拉迪沃斯托克港和朝鲜罗津港,另一线经"东边道"铁路直通丹东港,形成海陆联通的大交通网络。

7.3.3　以"大图们倡议"为基础,推动图们江区域借港出海、连线出境机制

中国深入北极航道开发利用的一个重要问题是出海口问题,需要从战略上进行筹划,以"大图们倡议(GTI)"为国际合作机制的示范,积极推动围绕图们江区域中国北极航道出海口问题的深入考察与谨慎思考,在实现"借港出海、连线出境"目标的基础上,不断加强完善,做好风险评估与规避。

中国应组织开展图们江出海口的深入考察活动,逐步展开航道调查权、周边水域调查权、生物监测权等相应权益谈判并付诸实施,确保货物、旅游船只正常航行,充分利用国际组织、国际条约平台,与俄罗斯、朝鲜、韩国开展国际合作,借助俄罗斯扎鲁比诺港、朝鲜罗津港等港口实现借港出海。其次,以经济合作为平台和抓手强化与环日本海国家的海洋经济合作,争取各方支

持,推进中、俄、朝、日、韩五国在海上旅游、海上货物运输和资源开发利用方面进行合作,统筹规划日本海的国际海洋合作,实现日本海和渤海、黄海、东海、南海"五海联通",争取我国对日本海的相应管理权。充分发挥我国北方港口,如大连、丹东、秦皇岛、天津、青岛、烟台国际港口的优势和作用,以中、俄、日、韩共同开发打造的 800 海里海陆联运定期航线为契机,在国内形成多个北极航道新起点,实现连线出境。

7.4 加强科技研究,通过科技硬实力提升航道治理软实力

7.4.1 深入加强科学研究,提出北极航道治理的全球化前瞻性议题

在北极航道权益博弈中,发挥关键作用的还是科技实力,各国间的竞争归根到底是综合国力和科技水平的竞争,各国要想主张在北极航道方面的权益,必须提高自身的科技能力,才能在北极航道开发利用中提升话语权,才能真正提升全球治理的软实力。因此,中国既要全面加强北极航道相关的基础研究,又要注重应用研究,同时还需提升政治、法律、经济等方面的软科学研究。还要加强对北极和航线权益相关的科学考察和研究,为中国的权益主张提供法理和科学依据。

深入加强中国北极航道的科学研究,提炼"十二五"和"十三五"研究成果,充分利用北极理事会正式观察员身份的发言权和项目提议权,提出北极航道治理的全球化前瞻性议题和国际合作项目,为中国参与北极航道开发利用打下科技基础。做好北极和北极航道事业规划,将北极航道开发利用与"冰上丝绸之路"建设纳入事业规划。设立图们江中国出海口建设专项研究课题,包含借港出海可行性、港口航线等基础设施建设、地缘政治、国际关系等各方面研究课题,为北极航道东北亚陆海联运航线实现互联互通提供科技支撑。加深对北极航道与北极地区相关法律法规的研究,并研究和制定中国北极航道活动的相关法律法规,帮助中国正确地分析和预测各国的态度和行动,把握北极航道地缘政治方向,为中国制定正确的行动路线和入手点找到依据和准则,在北极航道全球治理中发出中国声音,并提升中国在国际角逐中的能力。

7.4.2 增加科技投入,注重人才培养

增加科技投入,通过深入的科学研究了解和掌握北极航线权益博弈的基本格局。一方面,加强对科学考察的投入。要加大对北极航道的科学考察,

提高破冰船的研发和建造能力,获取翔实的船舶航行资料,加大对北极航道相关区域的基本观测和监测投入,搜集航区相关的信息,如航区的水文气象资料、航道状况、港口码头状态、路基支援、通航权和海事管辖法的法律法规,加强同环北极国家的信息交流、专题学术研讨和北极科学考察协作,以获取北极航道上更丰富、更精确和更大范围的船舶航行资料;另一方面,加强对北极航线权益博弈的理论研究,做好理论研究规划,要全面研究考察北极航线权益的实际价值,确定中国并研究其他国家在北极航线权益博弈中的身份定位、利益范围和主要立场,了解和掌握全局,确定中国所处博弈环境的优势和劣势,做到知己知彼。

中国在加强科学技术研究的同时,还要注重专业技术人才的培养。人才梯队建设是极地事业及北极航道持续利用的关键,准确掌握专业技术人员的总量、结构、分布等情况,不断提高人才队伍素质,可加强极地科技领域专业技术人员队伍建设。因此,在北极航道开发与可持续利用方面,构建结构合理的人才梯队,并与高校进一步深化合作,搭建科技人才平台,推进"极地青年人才培养工程",提升优秀青年人才的综合能力素质,以保障北极航道及我国极地事业的可持续发展。

7.5　拓展区域经贸,推动优势行业精准对接

7.5.1　加强基础设施投资建设,推动中国北极航道互联互通和东北亚地区陆海联通

到 2030 年,北冰洋通航期将达到 12 个月(全年),这为北极航道周边的基础设施工程建设提供了良好的自然条件,但北极地区人口相对稀少,基础设施落后,社会经济发展条件相对不足,要想真正实现北极航道的商业利用,必须完善基础设施和提高通航保障能力,这在很大程度上有赖于域外国家的参与。但俄罗斯部分地区和朝鲜口岸通关、公路、铁路等基础服务设施较为落后,通货能力弱,中俄、中朝之间的口岸对接未能形成较高级的铁路、公路货物运输连接网络。

因此,要统筹规划中国北部港口,投建中国北极航道大型港口,推动陆海联运建设,开通常规性北极航道远洋运输和打通亚欧大陆桥陆上运输,成为陆海联通的区域性交通枢纽。抢抓中俄合作扩建扎鲁比诺万能海港、中朝共同开发管理罗津经贸区和中蒙铁路运输交通建设的重要机遇,加快启动一批

对外公路、铁路、航线、航空和口岸等基础设施建设。例如,加强中俄、中朝、中日的合作,形成共建、共享、互利共赢的日本海出海口,如打通中国珲春到俄罗斯扎鲁比诺港的陆上通道,实际距离仅 120 多千米,其中中方 81 千米,俄方 40 千米。再比如开通中国珲春到朝鲜罗津港的陆上通道,实际距离只有50 千米,其中朝方 48 千米。

7.5.2　建立多元化中国北极区域投资格局,推动优势行业精准对接

中国作为近北极国家,首先必须加强与环北极国家的经贸投资合作,增强在北极问题国际协调的话语权。由于经济短期复苏和长期增长的内在需求,以及北极航道有望商业开通引致的需求,环北极国家未来投资规模巨大、合作空间广泛,这为中国企业参与环北极国家的北极建设带来了难得机遇,也为中国在东北亚区域联盟的投资建设带来了多元化投资机遇。针对北极各国家不同的实际需求有针对性地选择投资领域,针对东北亚区域联盟国家从海陆联运角度与互联互通角度选择优势领域进行投资合作,有助于推动我国优势行业和企业与相应国家进行精准对接。

在基础设施中,中国的优势特色领域主要集中于交通运输(如铁路、公路和港口、航空)和通信等领域。尽管北极地区的大部分国家都是发达国家,但由于年代久远、技术升级滞后等因素,环北极国家的基础设施行业呈现出不同程度的"老龄化"。世界银行和世界经济论坛《全球竞争力报告 2017—2018》显示,北欧国家的铁路长度和运载能力都十分有限,北极航道沿岸各国港口现有的吞吐能力和停泊能力也难以应对北极航道开通后带来的巨大流量。同时,虽然环北极国家的网络普及率较高,但网络效率低下,网络安全问题突出。

在环北极国家北极航道区域联通的基础设施建设市场存在重大空缺之际,中国国内的高铁、5G 等取得了举世瞩目的成就。近年来,有越来越多的企业走出国门,让世界看到了中国质造的力量,仅在 2017 年中国交建就签署了高达 320 亿美元的海外基础设施建设合同,此外中国与格陵兰的合作也颇有成效,且中国在俄罗斯的投资总额在北冰洋沿岸国家中居首,平均交易规模位列第二位。随着中国在基础建设领域逐渐树立了国际品牌,北极地区市场对中国的豁口也越来越大。

7.5.3　建立以国有企业为先导的对外投资格局,树立良好的企业形象

北极航道沿线国家的投资环境存在着政治、经济、文化等多方面的不利因素,加入北极航道沿线基础设施投资的中国应当以资本雄厚、优势比较明显的国有企业为先,建设标志性项目并取得成果,同时提倡包括私营企业在内的不同所有制企业一同走出去,充分发挥标志性项目的示范作用。

中国企业在北极航道地区进行投资建设时,需要根据建设项目的具体特点,充分考虑当地的生态、环境、社会等因素。目前,中国企业在环保、用工、知识产权、工会权利等方面的认识和建设与北极特别是北欧国家存在着相当大的差距,以致严重影响到中国企业在北极地区的中标率。走出去的企业应自觉加强在知识产权、生态环境、用工权益等方面的保护力度,特别是在环境准入上达到北欧标准。

7.5.4　构建完善的区域跨境贸易体系,谨慎防范投资风险

中国要以东北亚区域联盟为基本区域,在图们江区域国际合作示范区、中俄跨境经济合作区和"滨海2号"国际运输走廊等经贸体系支持下,构建完善的区域跨境国际贸易与投资体系,拓展跨境人民币业务,加强与境外金融机构联动,着力推动东北亚区域人民币联通业务,积极开展"服务实体经济"跨境人民币宣传活动,进一步提高企业使用人民币跨境结算的积极性和市场认知度,扩大人民币在跨境贸易、投融资中的使用。全面支持跨境电子商务企业、平台和产业区的发展,进一步完善跨境电商产业链,为跨境贸易提供一体的综合服务平台,全面解决跨境企业供应链瓶颈和政府监管难题,实现地方政府、监管部门、金融机构之间信息互联互通,推动信息、资金、货物"三流合一",建设东北亚电商商品集散地、产品制造供应地,实现东北亚跨境电商的便利化、自由化、规范化发展。

中国企业资本对外投资过程中还应坚持审慎、共赢原则,充分了解各国投资政策法规、监管制度和审批程序。以投资合法性为前提,使投资符合国际通行标准所要求的透明度,是塑造良好形象的首要条件,尤其在涉及国家安全的敏感行业,扎实的合规功课至关重要。国有企业在电力、石油、港口和通信等领域开展合作之前,要做好充分的自我评估和合理预判,对于可能面临的问题要有防范机制和应对措施,规避可能的政策壁垒。跨境人民币业务的开展应注重风险防范,建立境外资金后续监测、管理制度,防范风险的跨境传

导,为企业规避汇率风险提供个性化服务。

7.6　增强风险防范,提升应急处置能力

随着北极冰川的融化,北极航道的部分地区提供了大型军舰航行的可能性,北极圈周围分布的国家也都在暗自排兵布阵,旨在加强对北极的控制。目前,美国阿拉斯加州和俄罗斯之间的白令海峡,格陵兰和冰岛、英国间的北大西洋水域是海上进出北极地区的两个关口。北大西洋地区的英国、丹麦、冰岛、挪威等同美国皆为北约成员国,在军事防务问题上有着密切联系。美国自参与北极事务以来,不断增强其在北极地区的军事存在,2019 年 10 月,美国海岸警卫队司令卡尔·舒尔茨将军在华盛顿发言指出,美国今后的海上军事战略将把北极地区的关注点扩展至欧洲的北极地区,美国海军也加强了与北极的接触。此前,特朗普和芬兰共和国尼尼斯托总统在联合新闻发布会上提出,北极是且只是北极国家的北极,有必要将其他国家排除在北极之外,且美国向来主张中国积极参与北极事务会对北极地区安全造成威胁。

俄罗斯是北极地区最大的强国,也是迄今为止对北极地区最依赖的国家。目前,随着海冰消融,进入北极地区的机会越来越多,但是俄罗斯的"心脏地带"却遭遇了前所未有的脆弱困境,俄罗斯必须通过阿拉斯加沿海的楚科奇海和白令海峡,才能离开北极前往太平洋。要离开北冰洋到大西洋,俄罗斯则必须穿越冰岛和格陵兰之间,或冰岛和英国之间的水域。在国防和北极航道通航保障方面,要让北极国家甚至更多国家看到中国日益强大的国防实力,中国不仅有精锐的海军舰队护航,更能在未来开通的北极航线中,维护国际能源通道的安全,保障各国在北极地区的航道、资源和战略利益。中国要提升自身的国际军事地位,证明我国在维护国家利益和国际和平方面的实力与能力。

俄罗斯北方海航道基础设施 2035 发展计划

北方海航道基础设施 2035 年发展计划

专业措施	负责部门	完成时间	预期成果
I. 海洋港口和航站基础设施方面发展措施			
1. 佩韦克海港国有设施整合改建（楚科奇自治区）	俄罗斯海军、国家原子能公司"俄罗斯原子能"（简称俄罗斯原子能）	2020 年 12 月	完成佩韦克海港国有设施整合改建工作
2. 萨贝塔海峡港口改建	俄罗斯原子能	2021 年 12 月	完成海峡改建工作，签署完工交付单
3. 结合采矿业公司工作计划，明确北海航线港口基础设施发展工作的迫切需求	俄罗斯原子能 俄罗斯东方发展部	2025 年 12 月至 2035 年 12 月每年执行	向俄罗斯联邦政府汇报
4. 明确俄罗斯国防部对北海航线基础设施发展工作的需求	俄罗斯国防部	2020 年 12 月	向俄罗斯联邦政府汇报
II. 事故救援及海军援助方面发展措施			
5. 分析北海航线水域内航行过程中发生事故时，执行应急救援的权限指令、相关标准、操作规范等各类文件，并评估现有和必要的装备程度	俄罗斯运输部 俄罗斯紧急状况部 俄罗斯海军	2020 年 5 月	向俄罗斯联邦政府汇报
6. 编制创建人员船只搜救系统、原油及石油产品泄漏应急处理系统	俄罗斯运输部 俄罗斯海军	2020 年 4 月	向俄罗斯联邦政府汇报
7. 论证 2035 年之前在北海航线水域建立事故救援船队的工作需求	俄罗斯运输部 俄罗斯海军	2020 年 11 月	向俄罗斯联邦政府汇报
8. 编制在北海航线水域建立疏浚船队的行动计划，包括分析是否有必要成立国家海洋疏浚公司以及国家对此项工作的相关支持政策	俄罗斯原子能 俄罗斯运输部 俄罗斯工业贸易部	2020 年 12 月	向俄罗斯联邦政府汇报

续表

专业措施	负责部门	完成时间	预期成果
9. 编制与矿业开发公司联合资助建立极地危险状况管理中心的各项条款	俄罗斯紧急状况部 俄罗斯经济发展部 俄罗斯原子能	2020 年 12 月	向俄罗斯联邦政府汇报
10. 建立俄罗斯紧急状况部极地综合事故救援中心，并配备先进的极地救援物资、设备和车辆	俄罗斯紧急状况部	2020 年 12 月	向俄罗斯联邦政府汇报
11. 与矿业开发公司联合编制有关俄罗斯紧急状况部在佩韦克海港（楚科奇自治区）和萨贝塔海峡营地（亚马尔－涅涅茨自治区）设立北极地区危险状况管理中心的基础设施建设提案	俄罗斯紧急状况部 俄罗斯原子能	2020 年 12 月	向俄罗斯联邦政府汇报
12. 与矿业开发公司及其他有关公司联合编制有关俄罗斯紧急状况部在个别村镇中，如迪克森市（克拉斯诺亚尔斯克边疆区）和季克西市（萨哈共和国－雅库特）设立北极地区危险状况管理中心的基础设施建设提案	俄罗斯紧急状况部 俄罗斯原子能	2022 年 12 月	向俄罗斯联邦政府汇报
13. 编制装配运输直升机（5 架）的提案，并确定资金来源。要求直升机具备在极地条件下能够自动启动降落，并停泊在现有的直升机场以及未来可能的核动力破冰船上	俄罗斯紧急状况部 俄罗斯工业贸易部 俄罗斯原子能	2020 年 12 月	向俄罗斯联邦政府汇报
14. 编制装配运输机（3 架）的提案，并确定资金来源。要求运输机具备 10 吨的最大载重量、4 000 千米巡航能力，并具备在极地条件下在冰上和土地机场降落的能力	俄罗斯紧急状况部 俄罗斯工业贸易部 俄罗斯原子能	2020 年 12 月	向俄罗斯联邦政府汇报
15. 编制装配多功能海上搜救——破冰系列 Arc5（3 艘）的提案，并确定资金来源	俄罗斯紧急状况部 俄罗斯工业贸易部 俄罗斯原子能	2020 年 12 月	向俄罗斯联邦政府汇报
16. 对国家"海洋搜救部"北方舰队分部技术维护中心的基础设施进行改建升级	俄罗斯海军	2022 年 12 月	完成改建工作
17. 装配多功能事故救援船，功率 4 兆瓦（1 台）	俄罗斯海军	2024 年 12 月	交付使用
18. 装配多功能牵引救援船，功率 2.5～3 兆瓦 MPSV12 型（1 台）	俄罗斯海军	2024 年 12 月	交付使用
19. 装配防火牵引救援船破冰系列 Arc4，TG16 型（4 台）	俄罗斯海军	2024 年 12 月	交付使用
20. 装配牵引救援船破冰系列 Arc4，NE25 型（5 台）	俄罗斯海军	2023 年 12 月	交付使用
21. 装配多功能事故救援船，功率 18 兆瓦（2 台）	俄罗斯海军	2024 年 12 月	交付使用

专业措施	负责部门	完成时间	预期成果
22. 装配多功能事故救援船,功率7兆瓦(3台)	俄罗斯海军	2024年12月	交付使用
III. 北海航道水域内舰艇导航－水文地理方面发展措施			
23. 论证2035年以前北海航道水域内水文地理和领航船只工作需求	俄罗斯原子能	2020年11月	向俄罗斯联邦政府汇报
24. 水文地理船只现代化升级(3艘)	俄罗斯原子能	2021年12月	完成船只现代化升级工作,签署完工交付单
25. 装配水文地理船E35G型ICE3级(5艘)	俄罗斯原子能	2022年12月	交付使用
26. 装配领航船BLV03型ICE3级(4艘)	俄罗斯原子能	2022年12月	交付使用
27. 装配水文地理船HSV05.1破冰型Arc7级(4艘)	俄罗斯原子能	2023年12月	交付使用
28. 在北海航道水域内提供船只导航－水文地理支持服务	俄罗斯原子能	至2035年每年实施	提供导航设备、海底地形测绘以及配合科考和俄罗斯glonass－GPS系统北海航道矫正完善工作
IV. 破冰舰队方面发展措施			
29. 装配主舰和两艘序列舰全能核动力破冰船22220型	俄罗斯原子能	2022年12月	交付使用
30. 延长核动力破冰船"亚马尔"号、"泰美尔"号、"崴噶奇"号的指定反应堆使用	俄罗斯原子能	2023年12月	完成船只现代化升级工作,签署完工交付单
31. 装配第三艘全能核动力破冰船22220型	俄罗斯原子能	2024年12月	交付使用
32. 装配第四艘全能核动力破冰船22220型	俄罗斯原子能	2026年12月	交付使用
33. 延长技术维护浮动基地"伊曼德拉"号、浮动基地"罗塔"号和核反应废弃液储存船"银光"号的核反应堆使用年限	俄罗斯原子能	2024年12月	完成船只现代化升级工作,签署完工交付单
34. 装配"领袖"系列主舰核动力破冰船	俄罗斯原子能	2027年12月	交付使用
35. 装配"领袖"系列第一艘系列舰核动力破冰船	俄罗斯原子能	2030年12月	交付使用
36. 装配"领袖"系列第二艘系列舰核动力破冰船	俄罗斯原子能	2032年12月	交付使用

专业措施	负责部门	完成时间	预期成果
V. 促进北海航线水域货运，国际航运以及海上物流中心建设方面发展措施			
37. 预测北海航线水域货运工作量	俄罗斯东方发展部 俄罗斯交通部 俄罗斯原子能 俄罗斯自然资源部	自2020年起每年执行	公布北海航线水域货运工作量预测结果
38. 编制报批俄罗斯联邦北极区域地质深部研究方案，用以2035年之前在北海航线建立可能的货运站	俄罗斯自然资源部 俄罗斯东方发展部	2020年4月	批准方案
39. 开展北海航线水域国际货运站（包括航运）长期发展预测	俄罗斯东方发展部 俄罗斯交通部 俄罗斯原子能 俄罗斯经济发展部	2020年9月	向俄罗斯联邦政府汇报
40. 编制在摩尔曼斯克和彼得罗巴甫洛夫斯克－堪察加建立港口的技术－经济论证草案，用以在北海航线水域向国际货运（包括航运）船只提供技术维护支持	俄罗斯东方发展部 俄罗斯交通部 俄罗斯原子能	2020年12月	向俄罗斯联邦政府汇报
41. 编制在北海航线水域建设俄罗斯集装箱装卸平台的技术－经济论证草案，用以在该航线内实现货物中转（包括航运中转），并具备接收核动力或压缩天然气动力的集装箱破冰船的能力	俄罗斯东方发展部 俄罗斯交通部 俄罗斯原子能	2020年12月	向俄罗斯联邦政府汇报
42. 基于对俄罗斯和国际航运市场需求量的分析，编制北海航线国际航运走廊水域内对运输物资类型、服务规格的相关要求	俄罗斯原子能	自2020年起每年执行	完成北海航线国际航运走廊水域内对运输物资类型、服务规格的相关要求
43. 开展北海航线水域货运相关配套综合交通和经济发展措施分析	俄罗斯东方发展部 俄罗斯交通部 俄罗斯原子能	自2020年起每年执行	向俄罗斯联邦政府汇报
44. 开展北海航线水域货运监测以及国际海运服务和物流市场的监测	俄罗斯交通部 俄罗斯原子能	自2020年起每年执行	向俄罗斯联邦政府汇报
45. 编制北海航线水域货运国际支持计划，以保障该航线在全球货运（包括航运）市场上的竞争优势	俄罗斯东方发展部 俄罗斯交通部 俄罗斯财政部 俄罗斯原子能 俄罗斯经济发展部	2021年3月	向俄罗斯联邦政府汇报
46. 建设摩尔曼斯克综合交通枢纽	俄罗斯交通部 俄罗斯海军	2021年12月	完成基础设施建设工作
47. 引进数字化技术应用于北海航线水域多模块货运发展	俄罗斯交通部 俄罗斯原子能	2023年12月	向俄罗斯联邦政府汇报

专业措施	负责部门	完成时间	预期成果
48. 建立北海航线水域无纸化多模块乘客和货运电子信息平台,保障水域内交通－物流服务	俄罗斯交通部俄罗斯原子能	自 2023 年 12 月起,配备导航系统每年实施	实现北海航线水域全天制乘客－货运
49. 编制建立和引进统一信息平台服务的提案,为北海航线水域提供保障	俄罗斯原子能俄罗斯通讯部俄罗斯工业发展部	2021 年 12 月	向俄罗斯联邦政府汇报
VI. 北海航线水域货运相关航空、铁路配套设施方面发展措施			
50. 研究论证与奥布斯卡娅—博瓦年科沃—萨贝塔(СШХ-2)综合铁路走廊带项目接轨的必要性,包括 2018 年 9 月 30 日俄联邦第 2101-P 号命令中批准的 2024 年之前开展主干线基础设施现代化升级和拓宽的计划	俄罗斯交通部俄罗斯原子能俄罗斯东方发展部亚马尔－涅涅茨自治区政府	2020 年 6 月	向俄罗斯联邦政府汇报
51. 改建机场综合设施(阿姆杰尔马市,涅涅茨自治区)	俄罗斯航空	2020 年 6 月	完成机场综合设施改建工作
52. 开展阿尔汉格尔斯克—瑟克特夫卡尔—彼尔姆(索利卡姆斯克)铁路干线建设项目("贝尔科穆尔"项目)	俄罗斯交通部俄罗斯经济发展部俄罗斯东方发展部阿尔汉格尔斯克州政府科米共和国政府彼尔姆边疆区政府摩尔曼斯克州政府	2022 年 12 月	向俄罗斯联邦政府汇报
53. 开展索斯诺戈尔斯克—因迪伽铁路干线建设项目("巴伦兹科穆尔"项目)	俄罗斯交通部俄罗斯经济发展部俄罗斯东方发展部科米共和国政府涅涅茨自治州管理局	2022 年 12 月	向俄罗斯联邦政府汇报
54. 改建机场综合设施(佩韦克市,楚科奇自治区)	俄罗斯航空	2023 年 6 月	完成机场综合设施改建工作
55. 评估扩建奥布斯卡娅—萨列哈尔德—纳迪姆—潘格多—新乌连戈伊-科罗恰耶沃综合铁路走廊带(СШХ-1)和奥布斯卡娅—博瓦年科沃—萨贝塔(СШХ-2)综合铁路走廊带项目的必要性,以保障启动"贝尔科穆尔"项目和"巴伦兹科穆尔"项目能够与现有货运工作量交叉运行	俄罗斯交通部俄罗斯东方发展部亚马拉－涅涅茨自治州政府	2024 年 6 月	向俄罗斯联邦政府汇报
56. 改建切尔斯基机场综合设施(萨哈共和国(雅库特))	俄罗斯航空	2024 年 6 月	完成机场综合设施改建工作
57. 改建克佩尔韦埃姆机场综合设施(楚科奇自治区)	俄罗斯航空	2024 年 12 月	完成机场综合设施改建工作

续表

专业措施	负责部门	完成时间	预期成果
VII. 北海航线水域保障航行安全和通信方面发展措施			
58. 通过俄罗斯和国外太空设备覆盖全北海航线水域,获得远程探测数据,提供给俄联邦管理部门和其他组织,对北海航线水域内航行活动提供迪信信息保障	国家公司"俄罗斯太空"(简称俄罗斯太空)	自 2020 年 1 月起每年实施	通过俄罗斯和国外太空设备覆盖全北海航线水域,获得远程探测数据,实现信息保障
59. 深入分析俄罗斯联邦管理部门、其他组织和企业的不同类型船只在北海航线水域内航行时,使用多功能民用卫星通信系统(MSPSS 系统)"格内茨 D1M"进行通信服务过程中的信息传输问题	俄罗斯水文气象部俄罗斯原子能	2020 年 12 月	向俄罗斯联邦政府汇报
60. 编制在萨贝塔港入海航道处与矿业开发公司联合资助和建立俄罗斯水文气象站的方案,保障预测航道内冰面漂移的准确性	俄罗斯水文气象部俄罗斯原子能	2020 年 12 月	向俄罗斯联邦政府汇报
61. 选择感应器型号,适用于自动监测运行参数、气象参数、船只所在区域浮冰移动情况,以保障北海航线水域内船只航行	俄罗斯工业贸易部俄罗斯水文气象部俄罗斯原子能	2020 年 12 月	向俄罗斯联邦政府汇报
62. 在北海航线水域内建立长期的通航操作 - 策略集中管理系统,建立统一的通航调度管理中心,通过相关规章制度来组织协调北海航线水域内各航段的货运	俄罗斯原子能俄罗斯交通部俄罗斯海军	2021 年 6 月	全北海航线水域内长期的通航操作 - 策略集中管理系统投入使用
63. 综合分析水文地理条件、气象条件、信息 - 远程通信条件、事故 - 救援条件、能源以及其他保障条件的准备程度,来保障北海航线水域内各航段常年通航	俄罗斯原子能俄罗斯交通部俄罗斯海军俄罗斯东方发展部俄罗斯紧急状况部俄罗斯水文气象部俄罗斯太空俄罗斯能源部克拉斯诺亚尔斯克边疆区政府萨哈共和国政府楚科奇自治区政府亚马尔 - 涅涅茨自治区政府涅涅茨自治区行政管理局	2023 年 9 月	向俄罗斯联邦政府汇报
64. 配备 4 台高轨道太空设备"特快 -PV1""特快 -PV2""特快 -PV3""特快 -PV4"和 1 台备用太空设备"特快 -PV5"	俄罗斯通讯部俄罗斯通信公司俄罗斯太空	2024 年 12 月	保障北海航线水域内 70°N 以上卫星信号无间断稳定

专业措施	负责部门	完成时间	预期成果
65. 加密俄罗斯水文气象监测网及其技术装备升级,达到全球气象组织要求	俄罗斯水文气象部	2024 年 12 月	升级预测精度至"极好"(符合操作规范 52.27.759-2011)
66. 制造 3 台太空设备"资源 -PM"和 3 台太空设备"秃鹫 -FKA"并发射至太空轨道上	俄罗斯太空	2025 年 12 月	保障俄罗斯领域内监测站设施的自动化检索系统和远程监测系统的运行速度和质量
67. 部署高轨道水文气象太空系统"北极 -M",为相关政府部门和组织提供地球极地地区高时间精度的卫星水文气象信息	俄罗斯太空俄罗斯原子能	2025 年 12 月	高轨道水文气象太空系统"北极 -M"投入使用,为相关政府部门和组织提供地球极地地区高时间精度的卫星水文气象信息
68. 在设定期限内分析北海航线水域内各航段水文地理条件、气象条件、信息 - 远程通信条件、事故 - 救援条件、能源以及其他保障条件的完整性及其是否满足要求,来保障北海航线水域内各航段常年通航	俄罗斯原子能俄罗斯紧急状况部俄罗斯海军俄罗斯交通部俄罗斯水文气象部俄罗斯太空俄罗斯东方发展部	2027 年 12 月	向俄罗斯联邦政府汇报
Ⅷ . 北海航线水域运营能源供给方面发展措施			
69. 在北海航线发展计划框架内,列出各项工作计划清单,明确各类工艺和能源参数以及计划完成工期	俄罗斯原子能俄罗斯东方发展部俄罗斯能源部克拉斯诺亚尔斯克边疆区政府萨哈共和国政府楚科奇自治区政府亚马尔 - 涅涅茨自治区政府涅涅茨自治区行政管理局	2027 年 5 月	向俄罗斯联邦政府汇报
70. 明确资金来源,用于开展各类措施来满足北海航线未来的电力能源需求和各类基础设施的能耗	俄罗斯能源部俄罗斯经济发展部俄罗斯财政部俄罗斯原子能	2020 年 12 月	向俄罗斯联邦政府汇报
71. 编制北海航线水域和沿岸陆上使用压缩天然气和甲醇的基础设施发展规划	俄罗斯东方发展部俄罗斯交通部俄罗斯能源部俄罗斯原子能	2020 年 12 月	向俄罗斯联邦政府汇报

专业措施	负责部门	完成时间	预期成果
72. 在发展规划文件框架内和个别外部能源供给项目框架内,确定满足北海航线未来的电力能源需求和各类基础设施的能耗的措施清单	俄罗斯能源部 俄罗斯原子能 克拉斯诺亚尔斯克边疆区政府 萨哈共和国政府 楚科奇自治区政府 亚马尔－涅涅茨自治区政府 涅涅茨自治区行政管理局	2021 年 2 月	向俄罗斯联邦政府汇报
73. 实施各项措施满足北海航线未来的电力能源需求和各类沿岸陆地基础设施能耗	俄罗斯能源部 俄罗斯原子能 俄罗斯东方发展部 克拉斯诺亚尔斯克边疆区政府 萨哈共和国政府 楚科奇自治区政府 亚马尔－涅涅茨自治区政府 涅涅茨自治区行政管理局	2023 年 12 月	生产所需电热能的电力发电机组和热力发电机组投入运行
IX. 北海航线水域基础设施人员配置和医疗救助方面发展措施			
74. 搜集和处理 2020—2035 年北海航线开采业公司输出产品信息以及相关船主的人员配置需求	俄罗斯东方发展部 俄罗斯原子能 克拉斯诺亚尔斯克边疆区政府 萨哈共和国政府 楚科奇自治区政府 亚马尔－涅涅茨自治区政府 涅涅茨自治区行政管理局	2020 年 12 月	向俄罗斯联邦政府汇报
75. 根据北海航线水域航运 2020/21 年及未来几年发展计划的需要,准备国家级相关人员培训订单的提案	俄罗斯东方发展部 俄罗斯原子能 克拉斯诺亚尔斯克边疆区政府 萨哈共和国政府 楚科奇自治区政府 亚马尔－涅涅茨自治区政府 涅涅茨自治区行政管理局	2020 年 12 月	向俄罗斯联邦政府汇报
76. 准备北海航线水域有关医疗救助和医疗疏散工作中的相关标准、法规、法令及其他标准文件提案	俄罗斯原子能 俄罗斯交通部 俄罗斯卫生部 克拉斯诺亚尔斯克边疆区政府 萨哈共和国政府 楚科奇自治区政府 亚马尔－涅涅茨自治区政府 涅涅茨自治区行政管理局	2020 年 3 月	向俄罗斯联邦政府汇报

专业措施	负责部门	完成时间	预期成果
X.北极地区本国造船业方面发展措施			
77.根据北海航线货运数据库、现有破冰船队和技术支持设施包括海港的预测结果,确定货运类、服务辅助类及技术类船只的需求量,来满足2024年之前的货运工作需求	俄罗斯原子能 俄罗斯交通部 俄罗斯海军	2020年11月	向俄罗斯联邦政府汇报
78.编制俄罗斯造船业国家支持发展规划,保障完成2035年之前货运数据库预测工作量,编制适用于北海航线水域的货运船只,包括压缩天然气动力的集装箱船、技术类和服务辅助类船只的建造方案	俄罗斯工业贸易部 俄罗斯交通部 俄罗斯财政部 俄罗斯原子能	2021年3月	批准了俄罗斯造船业发展和国家支持计划,以保障完成2035年之前货运数据库预测工作量
79.对货运类、技术类和服务辅助类破冰船只的建造以及俄罗斯造船业国家支持发展规划的进展进行监控和分析,以保障完成2035年之前货运数据库预测工作量,编制适用于北海航线水域的现代货运船只,包括集装箱船、技术类和服务辅助类船只的建造方案	俄罗斯原子能 俄罗斯东方发展部 俄罗斯交通部 俄罗斯工业贸易部	从2021年12月到2035年12月的每年	向俄罗斯联邦政府汇报
XI.北海航线水域环保安全保障方面发展措施			
80.起草必须应用最先进的工艺的提案,保障降低俄罗斯联邦北极地区海洋污染级别	俄罗斯工业贸易部 俄罗斯自然资源部 俄罗斯东方发展部	2020年12月	向俄罗斯联邦政府汇报
81.起草俄罗斯联邦北极地区和北海航线水域内岩石圈、冻土圈、水文圈和大气圈综合监测的提案	俄罗斯自然资源部 俄罗斯水文气象部 俄罗斯原子能 俄罗斯东方发展部	2020年12月	向俄罗斯联邦政府汇报
82.起草建立区域环境状况及污染程度观测系统的提案,以实现在北海航线水域海港装卸操作区开展工业环保监控	俄罗斯自然资源部 俄罗斯水文气象部	2020年12月	向俄罗斯联邦政府汇报
83.起草在各海港基础设施建立气象观测网的提案,为北海航线水域运输操作提供专业水文气象支持	俄罗斯自然资源部 俄罗斯水文气象部	2020年12月	向俄罗斯联邦政府汇报
84.研究开展防止北海航线水域内船只造成污染相关标准－法规调控的必要性,对照1973版有关预防极地水域船只运行造成污染的国际公约（МАРПОЛ 73/78）	俄罗斯自然资源部 俄罗斯原子能 俄罗斯交通部	2021年12月	向俄罗斯联邦政府汇报

参考文献

[1] Brinkhuis H., Schouten S., Collinson M. E, et al. Episodic Fresh Surface Waters in the Eocene Arctic Ocean [J]. *Nature,* 2006, *441*(7093): 606-609.

[2] Buixadé F., Linling C., Michael C., et al. Commercial Arctic Shipping Through the Northeast Passage: Routes, Resources, Governance, Technology, and Infrastructure[J]. *Polar Geography,* 2014, *37*(4): 298-324.

[3] Donat P. The Arctic Waters and the Northwest Passage: A Final Revisit[J]. *Ocean Development & International Law,* 2007, *38*(1-2): 3-69.

[4] Elana, W. R. Analyzing Frenemies: An Arctic Repertoire of Cooperation and Rivalry[J]. *Political Geography,* 2020, *76*(1): 1-10.

[5] Lefever, D. W. Measuring Geographic Concentration by Means of the Standard Deviational ellipse[J]. *The American Journal of Sociology,* 1926(1): 88-94.

[6] Ola M. J., Elena V. S., Martin W. M. Satellite Evidence for an Arctic Sea Ice Cover in Transformation[J]. *Science,* 1999, *286*(5446): 1937-1939.

[7] Richard H. The Nature of Geography: A Critical Survey of Current Thought in the Light of the Past[J]. *Annals of the Association of American Geographers,* 1939, *29*(3): 173-412.

[8] Rogers T. S., Walsh J. E., Rupp T. S., et al. Future Arctic Marine Access: Analysis and Evaluation of Observations, Models, and Projections of Sea Ice[J]. *The Cryosphere,* 2013, *7*(24): 321-322.

[9] Schach M., Madlener R. Impacts of an Ice-free Northeast Passage on LNG Markets and Geopolitics[J]. *Energy Policy,* 2018, *122*(11): 438-448.

[10] Sou, T., Flato, G. Sea Ice in the Canadian Arctic Archipelago: Modeling the Past (1950-2004) and the Future (2041-60) [J]. *Journal of Climate,* 2009, *22*(8): 2181-2198.

[11] Stevenson, T. C., Davies, J., Huntington, H. P., et al. An Examination of Trans-Arctic Vessel Routing in the Central Arctic Ocean[J]. *Marine Policy,* 2019(100): 83-89.

[12] Stroeve J., Serreze M., Drobot S., et al. Arctic Sea Ice Extent Plummets in 2007[J]. *Eos, Transactions American Geophysical Union,* 2008, *89*(2): 13-14.

[13] 白佳玉. 船舶北极航行法律问题研究 [M]. 北京:人民出版社,2016.

[14] 曹玉墀,刘大刚,刘军坡. 北极海运对北极生态环境的影响及对策 [J]. 世界海运, 2011(12):1-4.

[15] 曹云锋,于萌,惠凤鸣,等. 北极冰区通航能力变化研究进展 [J]. 科学通报,2021,

66(1):21-33.

[16] 常晶,郭培清.更加复杂的北极生态困境[J].海洋世界,2009(8):36-39.

[17] 常李艳,张洁,华薇娜.我国极地研究的特点与趋势——基于《极地研究》中英文刊的计量分析[J].图书情报研究,2019(9):16-27.

[18] 陈立奇,高众勇,杨绪林,等.北极地区碳循环研究意义和展望[J].极地研究,2004(3):171-180.

[19] 董晔,师心琪.基于地缘位势理论的中国对巴基斯坦投资对策研究[J].世界地理研究,2020,29(4):708-716.

[20] 范佳睿.马六甲海峡过境通行制度形成过程中的博弈及其启示[J].东南亚研究,2021(5):53-74,155-156.

[21] 方之芳,郭裕福,乔琪,等.北极海冰减少及其与相关气象场的联系[J].高原气象,2002,21(6):565-575.

[22] 高飞,王志彬.俄美北极东北航道航行自由争端分析及中国因应[J].西伯利亚研究,2021,48(5):41-59.

[23] 高众勇,陈立奇.全球变化中的北极碳汇:现状与未来[J].地球科学进展,2007(8):857-865.

[24] 顾维国,肖英杰.北冰洋海冰变化与船舶通航的展望[J].航海技术,2011(3):2-5.

[25] 顾永强.北极能源争夺再度升级[J].中国经济导报,2010(9):1-2.

[26] 管清蕾,郭培清.俯瞰北方航道(上)[J].海洋世界,2008(10):62-65.

[27] 管清蕾,郭培清.俯瞰北方航道(下)[J].海洋世界,2008(11):62-66.

[28] 郭丛溪."北极之争"法律问题研究[D].重庆:西南政法大学,2010.

[29] 郭楠蓉,胡麦秀.基于地缘经济利益的北极航道各利益相关主体的综合实力评价[J].海洋经济,2018(6):3-12.

[30] 郭楠蓉.北极航道引致的地缘经济格局研究[D].上海:上海海洋大学,2019.

[31] 郭鑫.北极环境治理问题探析[D].石家庄:河北师范大学,2014.

[32] 郝光华,赵杰臣,李春花,等.2017年夏季北极中央航道海冰观测特征及海冰密集度遥感产品评估[J].海洋学报,2018,40(11):54-63.

[33] 郝林华,石红旗,王能飞,等.外来海洋生物的入侵现状及其生态危害[J].海洋科学进展,2005(B12):121-126.

[34] 何一鸣,周灿.北极开发对世界原油海运格局的冲击——基于区位理论和主要原油进出口地的动态分析[J].资源科学,2013(8):1651-1660.

[35] 胡丹露.基于事件的地缘环境评估方法研究[J].军事运筹与系统工程,2018,32(1):5-10.

[36] 胡志丁.地缘环境研究专栏序言[J].人文地理,2022,37(2):23.

[37] 胡志丁,曹原,刘玉立,等.我国政治地理学研究的新发展:地缘环境探索[J].人文地理,2013,28(5):123-128.

[38] 胡志丁,刘玉立,李灿松,等.权力、地缘环境与地缘位势评价——以中日钓鱼岛之争为例[J].热带地理,2014,34(1):50-57.

[39] 黄宇,葛岳静,刘晓凤.基于库仑引力模型的中美日地缘经济关系测算[J].地理学报,2019,74(2):285-296.

[40] 霍淑红.中美竞争－合作框架下美国对外援助研究[J].社会科学,2021(7):35-43.

[41] 姜巍.环北极国家基础设施投资机遇与中国策略[J].人民论坛·学术前沿,2018(11):50-59.

[42] 蒋全荣,王春红.北极海冰面积变化与大气遥相关型[J].气象科学,1995,15(4):158-165.

[43] 柯长青,彭海涛,孙波,等.2002—2011年北极海冰时空变化分析[J].遥感学报,2012,17(2):452-466.

[44] 郎一环,王礼茂.石油地缘政治格局的演变态势及中国的政策响应[J].资源科学,2008,12(30):1778-1783.

[45] 李德仁,余涵若,李熙.基于夜光遥感影像的"一带一路"沿线国家城市发展时空格局分析[J].武汉大学学报:信息科学版,2017(42):720.

[46] 李培基.北极海冰与全球气候变化[J].冰川冻土,1996(1):74-82.

[47] 李晓璇,刘大海.中国海洋科研机构的空间分布特征与演化趋势[J].科研管理,2018,39(S1):317-325.

[48] 李义虎.地缘政治学:二分论及其超越——兼论地缘整合中的中国选择[M].北京:北京大学出版社,2007.

[49] 李振福.中国面对开辟北极航线的机遇与挑战[J].港口经济,2009(4):31-34.

[50] 李振福.北极航道地缘政治格局演变趋势分析[J].航海技术,2010(6):69-72.

[51] 李振福.地缘政治理论演变与北极航线地缘政治理论假设[J].世界地理研究,2010,19(1):6-13.

[52] 李振福.北极航线地缘政治格局演变的动力机制研究[J].内蒙古社会科学(汉文版),2011,32(1):13-18.

[53] 李振福.北极航线地缘政治安全指数研究[J].计算机工程与应用,2011,47(35):241-245.

[54] 李振福.北极地缘政治的多尺度特征——兼论北极问题与南海问题的本质不同[J].东北亚论坛,2021,30(2):41-59,127.

[55] 李振福,李婉莹.北极政治腹地的政治格局演化研究[J].通化师范学院学报,2018(3):41-49.

[56] 李振福,李亚军,孙建平.北极航道海运网络的国家权益格局复杂特征研究[J].极地研究,2011,23(2):122-127.

[57] 李振福,苗雨,陈晶.北极航线经济圈贸易网络的结构洞分析[J].华中师范大学学报(自然科学版),2017,51(1):100-107,114.

[58] 李振福,闵德权.北极航线地缘政治格局演变的能量地形仿真[J].上海海事大学学报,2010,31(4):87-93.

[59] 李振福,闵德权.北极航线地缘政治格局的人工鱼群模糊聚类分析[J].地理科学,2011,31(1):55-60.

[60] 李振福,孙建平.北极航线地缘政治的规范博弈机制分析[J].世界地理研究,2011,20(1):56-62.

[61] 李志文,高俊涛.北极通航的航行法律问题探析[J].法学杂志,2010,31(11):62-65.

[62] 梁昊光.北极航道的"新平衡":战略与对策[J].人民论坛·学术前沿,2018,158(22):

94-99.

[63] 刘大海,马云瑞,王春娟,等.全球气候变化环境下北极航道资源发展趋势研究 [J].中国人口·资源与环境,2015,25(5):6-9.

[64] 刘芳明,缪锦来,郑洲,等.中国外来海洋生物入侵的现状、危害及其防治对策 [J].海岸工程,2007(4):49-57.

[65] 刘惠荣,李浩梅.北极航线的价值和意义:"一带一路"战略下的解读 [J].中国海商法研究,2015,26(2):3-10.

[66] 刘惠荣,杨凡.国际法视野下的北极环境法律问题研究 [J].中国海洋大学学报:社会科学版,2009(3):1-5.

[67] 刘江萍.西北航道的政治与法律研究 [D].青岛:中国海洋大学,2010.

[68] 刘江萍,郭培清.撩起"圣杯"的面纱——走近"西北航道"[J].海洋世界,2008(9):76-80.

[69] 陆俊元.当今北极地缘政治格局特征分析 [J].世界地理研究,2010,19(1):1-5.

[70] 吕雪杰,寿建敏.以能源资源为基础北极"东北航道"运输发展研究 [J].特区经济,2014(3):88-89.

[71] 马建文,吴恒涛,魏恩平,等.中国在北极航运战略上的 PEST 分析 [J].世界海运,2015,38(6):1-4,12.

[72] 马娜娜.北极航道法律问题研究 [D].大连:大连海事大学,2014.

[73] 毛艳丽,任伟松,鲁志鹏,等.大气中氮化物的污染现状及危害 [J].煤炭技术,2007(5):5.

[74] 彭振武,王云闯.北极航道通航的重要意义及对我国的影响 [J].水运工程,2014(7):86-89,109.

[75] 沈伟烈.对我国领导人谈"地缘政治"所引起的思考 [J].江南社会学院学报,2000(2):10-13.

[76] 沈伟烈.关于地缘政治学研究内容的思考 [J].现代国际关系,2001(7):57-61.

[77] 史春阳."北极五国"争北极 [J].世界知识,2010(22):44-45.

[78] 孙凯,郭培清.北极环境问题及其治理 [J].海洋世界,2008(3):64-69.

[79] 唐尧.论北极地区再军事化的新动向及其特征 [J].江南社会学院学报,2015(2):44-49.

[80] 特卡琴科·L.斯坦尼斯拉夫.俄乌冲突对东北亚地缘关系的影响 [J].日本研究,2022(3):16-24.

[81] 王丹,张浩.北极通航对中国北方港口的影响及其应对策略研究 [J].中国软科学,2014(3):16-31.

[82] 王桂忠,何剑锋,蔡明红,等.北冰洋海冰和海水变异对海洋生态系统的潜在影响 [J].极地研究,2005(3):165-172.

[83] 王惠文,葛岳静,马腾.地缘位势与中国—中亚地缘关系初探 [J].经济地理,2018,38(9):10-21.

[84] 王洛,赵越,刘建民,等.中国船舶首航东北航道及其展望 [J].极地研究,2014,26(2):276-284.

[85] 王文晓.北极航线经济圈贸易网络演化研究 [D].大连:大连海事大学,2017.

[86] 王正毅.现代政治地理学 [M].天津:南开大学出版社,1993.

[87] 王志民,陈远航.中俄打造"冰上丝绸之路"的机遇与挑战 [J].东北亚论坛,2018,27(2):17-33,127.

[88] 魏立新,秦听,马静.北极海冰与北半球大气环流及气温的相关性分析 [J].海洋预报,2013,30(4):12-17.

[89] 魏立新,张占海.北极海冰变化特征分析 [J].海洋预报,2007(4):42-48.

[90] 肖洋.北冰洋航运权益博弈·中国的定位与应对 [J].当代世界,2012(3):48-52.

[91] 肖洋.北冰洋航运权益博弈:中国的战略定位与应对 [J].和平与发展,2012(3):42-47.

[92] 肖洋.格陵兰:丹麦北极战略转型中的锚点? [J].太平洋学报,2018,26(6):78-86.

[93] 徐庆超.俄乌冲突长期化及其对北极治理的溢出效应 [J].当代世界,2022(7):49-53.

[94] 薛彦广,关皓,董兆俊,等.近40年北极海冰范围变化特征分析 [J].海洋预报,2014,31(4):85-91.

[95] 闫力.北极航道通航环境研究 [D].大连:大连海事大学,2011.

[96] 姚慧贤.北极生态环境保护法律制度研究 [D].南昌:南昌大学,2012.

[97] 叶滨鸿,程杨,王利,等.北极地区地缘关系研究综述 [J].地理科学进展,2019,38(4):489-505.

[98] 叶自成.从大历史观看地缘政治 [J].现代国际关系,2007(6):1-6.

[99] 于国政,樊华.地缘地理学学科构建探析 [J].世界地理研究,2009,18(3):146-153.

[100] 于宏源.气候变化与北极地区地缘政治经济变迁 [J].国际政治研究,2015,36(4):73-87.

[101] 张晶,刘建忠.地缘体概念内涵及特征研究 [J].世界地理研究,2014,23(4):50-55.

[102] 张敏娇.论气候变化条件下北极治理面临的抗战及思考 [D].武汉:华中师范大学,2013.

[103] 张侠,杨惠根,王洛.我国北极航道开拓的战略选择初探 [J].极地研究,2016(2):267-276.

[104] 赵刚.地缘科技学的理论及其意义 [J].中国科技论坛,2007(1):87-89,118.

[105] 赵隆.从航道问题看北极多边治理范式——以多元行为体的"选择性妥协"进程实践为例 [J].国际关系研究,2014(4):63-74.

[106] 赵越,刘建民,韩淑琴,等.冰上丝绸之路与北极油气资源 [J].地质力学学报,2021,27(5):880-889.

[107] 郑雷.北极航道沿海国对航行自由问题的处理与启示 [J].国际问题研究,2016(6):106-121.

[108] 中华人民共和国海事局.北极航行指南(东北航道) [M].北京:人民交通出版社,2014.

[109] 邹磊磊,黄硕琳,付玉.加拿大西北航道与俄罗斯北方海航道管理的对比研究 [J].极地研究,2014,26(4):515-521.

[110] 邹志强.北极航道对全球能源贸易格局的影响 [J].南京政治学院学报,2014(1):75-80.